お坊さんが教える

わずらわしい人間関係が楽になる方法

法恩院住職　鳥沢廣栄

彩図社

はじめに

私は住職になって三〇年近くになります。私のお寺は、檀家のない寺です。ですので、お葬式も法事もありません。

では、どのようなことをしているのかと言いますと、多くは訪れる方の相談事に対応をしております。その他には、御祈願や御祈祷、御先祖の供養などです。

人はさまざまな悩みを抱えております。特に最近では、人間関係に悩んでいらっしゃる方が多いですね。上司との関係に悩んだり、友人との関係に悩んだり、ご近所の付き合いで悩んだり、恋愛関係で悩んだり……。

人はどうしても他人と関わって生きていかねばなりません。その関わり方が上手くできなくて疲れ果ててしまう方が最近は多いように思います。

また、何かにこだわってしまい、どうしていいかわからなくなったと相談に来られる方も増えました。そのような方は、まるで出口のない迷路に入ってしまったかのように、心身ともに疲れ果てた状態で相談に来られるのです。

私は、そうした方の相談を聞き、仏教の教えを通して、迷路から出口へ導いたり、人間関係を楽にする方法を説いたりしています。絡まった糸を仏教の教えを通じて、一つひとつ解きほぐし、気持ちが楽になるようにお話をいたします。

仏教には、「どうしたら安楽に生きられるか」ということが多く説かれております。ですので、仏教は、さまざまな悩みや心の苦しみを抱えこんでしまう現代人にとっては、大変適した教えといえましょう。

本書では、そのような教えを、実例をあげながら紹介していきます。読んでいただければ、「あっ、私もそうだ」「あれ、自分と同じだ」と共感できるような悩み事があると思います。そのような悩み事に対する楽な生き方ができるよう、仏教の教えをもとに本書を書きました。これを読めば、少しでも心が軽くなるのではないかと思います。悩み事が解決するよう、お祈りいたします。

合掌。

お坊さんが教える
わずらわしい人間関係が楽になる方法
目次

第2章　他人との付き合いに疲れてしまう人が楽になる方法

第3章　自分自身に疲れてしまう人が楽になる方法

第4章　複雑な社会に疲れてしまう人が楽になる方法

第5章　楽になる仏教的な考え方

第6章 人間関係に疲れやすい人に勧める修行法

第1章

どうして人間関係に疲れてしまうのか？

01 人間関係に疲れるのは「こだわり」のせい

なぜ人は人間関係に疲れてしまうのでしょうか?

一言で人間関係に疲れると言っても、人によって状況はまったく違うと思います。しかし、仏教の教えでは、その疲れの原因は、自分や同僚、上司、恋人、家族などあらゆる人間が何かに「こだわっている」からだと説きます。

たとえば、職場で周りの意見を聞かずに自分の意見を押し通す人や、近所の住民にあれこれ指図するおばさん、子どもの真剣な話に耳を傾けないで頭ごなしに否定する親など、周りを見渡してみればこだわりを抱いている人はどこにでもいると思います。

地位や主張、好みや習慣など、人は何かにこだわってしまうと、それにとらわれ、物事が見えなくなります。目が曇ってしまうのです。

また、あらぬ誤解をしたり、悪い方へ物事を考えたりします。こだわることで迷いの世界に入ってしまうといろいろな関係を壊してしまい、人を疲れさせてしまうのです。

私のもとへ相談に来られる方も、何かにこだわりを持ったことが原因で人間関係に疲れてしまった、というケースがほとんどです。

相談に来られる方々は、大きく分ければ「嫌な人」「自分自身」「社会」を相手にすることに疲れてしまい、悩みを抱えてしまうようです。

簡単に言ってしまえば、それぞれの「こだわり」があるため人間関係がこじれてしまうわけですから、まずはこの「こだわり」がどのようなものなのかを、相談者の悩みを例に考えてみましょう。

はじめに、職場での悩みを抱えた女性から受けた相談を紹介します。

その方が新たに配属された部署では、二人の先輩社員が対立をしていました。二人が仕事にまで対立を引きずることはなかったのですが、問題はお昼休みです。どちらの先輩と昼食をとるか、これが大きな問題だったのです。傍から見れば大したことではない、と思われるでしょうが、本人にとっては大問題で、二人の仲を取り持とうとしてもなかなか上手くいきません。

さらに、先輩の対立が原因で会社を辞めていったOLさんも数人いたぐらいですから不安も大きかったのでしょう。相談に来られた方は、そうした対立に挟まれてしまい、どうしていいのかわからなくなっていたのです。

その方の希望は「三人で仲良くできないか」というものでした。しかし、もうすでに長い間対立している状態ですし、仲を取り持とうとしてもダメだった、という事実がありますからその希望が叶う可能性は低いでしょう。

対立する人間関係はそう簡単には和解はできません。「みんな仲良く」は理想であり、また幻想でもありますから、そんなことは不可能なことであると認識しておいたほうがいいでしょう。

なぜならば、人には好き嫌いがあり、お互いの個性があるからです。個性は「こだわり」とも言い換えることもできるでしょう。仏教ではこうしたこだわりや個性のことを「我《が》」と呼びます。

理想と現実が異なる以上、人間関係は我のぶつかり合いの場です。お互いの我がぶつかって、似たような我ならば寄り添うし、反対の我なら対立しますが、この程度ならと妥協しあい、お互いの我をすり合わせていくのが人間関係です。お互いの我の良さを認めあえば尊敬したり可愛がったりもできるのですが、人にそれぞれの我がある以上、みんながみんな仲良くなれることはないのです。

相談された方の「みんなが仲良くできればいい」という希望も我だといえるでしょう。この我に二人の先輩の我が寄り添わない以上、人間関係は上手くいきません。

こうしたことを理解できれば、対立する者同士を仲良くさせることなどは、無理だと納得したほうがいいですね。相談に来られた方にもこの話をし、理解してもらいました。

では、具体的にはどのように行動すればいいのでしょうか？　相談者の方は、みんなが仲良くすることができないなら私も仲良くしない、ということで、単独行動を選びました。当初は意地悪なことをされたりもしたそうですが、次第に仕事以外はお互いに無視をするようになったそうです。

妙な三角関係になったのですが、お互いの我が対立をしているというだけのことで、仕事に支障がなければ問題はありません。相談者の方は考え方を変えた結果、それまでの人間関係の悩みを解消することができたと言っていました。

このような悩みを抱いてしまうのは、幼いころから大人たちに「みんな仲良くすべき」と言われ続けてきたからだと思います。「みんな仲良く」ということを刷り込まれていると、それを純粋に「実行しなければ」と思ったり、「みんな仲良くするのがいいことだ」と思い込んだりする方が結構いるのです。

お恥ずかしい話ですが、私の子どもが幼稚園児のとき、幼稚園の先生が「みんな仲良くしましょうね」と言っているのを聞いた私は思わず、

「そりゃ無理だよね。だって、嫌いな子もいるからね」

と言ってしまい、

「お子さんにそんなことを教えてはいけません」

と注意されたことがあります。

しかし、私はできれば、子どものころから「できることならみんな仲良くしたほうがいい。でもそうすることができないこともある」ということを教えたほうがいいのではないかと思います。その上で、

「嫌いな人もいるけど、付き合っていかないといけない」

ということを教えたほうがいいのではないかと思うのです。もっとも、幼い子どもには難しいことかもしれませんが。

確かに「みんな仲良く」は正しいことですが、可能なことと不可能なことがあります。「みんな仲良く」は理想ではありますが、現実的ではありませんから、人間関係ではまずそれを理解していただきたいです。

お坊さんの一言

人間関係に疲れるのはこだわり＝我のせいです
人間関係を上手く運ぶためには現実をきちんと見つめることが大切です

02 嫌いな人との付き合い方

では、嫌いな人とはどのように付き合っていけばいいのでしょうか？

また例をあげて考えてみましょう。何にでも口を出し、指図したがるおばさんが近所にいてイライラすると相談に来られた方がいました。行事や会合を仕切りたがるぐらいなら許せるそうですが、洗濯の時間や干し方、家の周りの掃除などを一つひとつ指図されるので、生活しにくくて仕方がないと言います。

確かに、これはうっとうしいでしょう。イライラしますし耐えられませんが、下手に逆らうわけにもいきません。他の住民は適当に聞き流してやりすごしているそうですが、相談に来られた方は他人に余計な指図をする人間が許せない、という性格のため、それができずに悩んでしまうのです。

繰り返しますが、人間関係は我と我のぶつかり合いです。どちらも退かない、かわすこともしない、となれば、激しくぶつかることになります。

この方も同じで、何かと指図するボスおばさんの我と、それをうまく流せずに腹を立ててしまう相談者の我が真正面からぶつかっているのです。

そうした状況で悩んでしまうのは、まだ人がいい証拠でしょう。悩まない人は、お釈迦様が言うところの「恥を知らずに安易に生活し、カラスのように勇ましく、傲慢で、大胆で、厚かましい」人であって、汚れて生きているのです。そういう者は厚顔無恥であるため、実は生活しやすいのです。

こういう人は、どこの世界にも一人や二人はいるもので、周囲からの言葉を受け入れることなく我を貫き、変わることもありません。ですから、そういう人を真正面から相手にしてもバカバカしいし、無駄な戦いであるため疲れてしまいます。

また、下手に逆らったり口答えをしたりすれば、攻撃されるだけです。逆らう、攻撃される、反撃する、また攻撃される……といつまでたっても終わらなくなってしまいますから、そのような厚顔無恥な愚かな者をまともに相手にするほうがいけないのです。

厚顔無恥な者の行動や性格は変えることはできませんから、いっそのことあきらめてしまい、自分の意見にこだわるのをやめたほうが無難なのです。相手に合わせて賢く振る舞うこと、つまり、我と我をぶつけるのではなく、かわすことが大切なのです。

お釈迦様は、

「ひとは怒ることなくして、怒りに打ち勝つ」

と説いています。同じ土俵に乗ってケンカしないほうが賢いのです。同じ土俵に乗って争ってしまえば、疲れるのは当然でしょう。戦わずして相手に打ち勝つほうが、楽なのです。

相談に来られた方は、自分の我をおさめることにしました。厚顔無恥な人にこだわっていた自分を愚かだと理解したため、自分の我にこだわらず退くことができたのです。

お坊さんの一言

人間関係は我と我のぶつかり合いです
自分の意見にこだわらず、相手のこだわりを上手くかわしましょう

03 あきらめることも時には必要

赤の他人が心的疲労の原因になるのと同じように、親類との人間関係も下手をすると悲惨なことになってしまいます。

父親の遺産相続問題で実の母親と姉との間で揉めていた男性も、身内の本性を知って戸惑ってしまい相談に来られました。

法律通りに財産を相続しようとしたその男性に対し、母親と姉が結託して実の息子から遺産を奪おうとしたものですから、「実の母親がこんなことをするのでしょうか。信じられません。人間不信に陥ってしまいました」とすっかり参ってしまったのです。仲が良いとは言えないまでも、昨日までごく普通の親子関係、姉弟関係だった家族が遺産をめぐり対立をしてしまったのが理解できない、と大きなショックを受けていました。

しかし、身内でも他人と同様、お互いに理解できないこともあるし、親切にできないこともあるのです。むしろ、職場や学校、ご近所との付き合いとは違ってプライベートな時間をともに送る間柄ですから、遠慮なく本音をさらすことができる分、他人よりもたちが悪いのかもしれません。身内という血のつながりは、他人とは違った絆を人に植え付けてしまうものなのです。

ですからこの場合、嫌な思いをしたくないのなら「親子である」というこだわりを捨てるしかないのです。

確かに、親子の情、兄弟姉妹の情というものは切りがたいものですが、お釈迦様もそうした情（恩愛の情といいます）は、苦しみを生むのだとも説いています。だからこそ、「情や愛にとらわれてはならない。たとえ、親子や兄弟姉妹、夫婦であっても」と説くのです。

親子であれ、兄弟姉妹であれ、他人であれ、そうした人たちへの愛情にとらわれてしまえばそれは苦しみの元となります。その愛情を断ちきり、苦しみを消すためには、この関係はもう終わったのだとあきらめることが大切なのです。

「あきらめる」というと聞こえが悪いですが、仏教で説く「あきらめ」は、すべてを投げやって放り出してしまう「あきらめ」とは違います。「そういうものなのだ」と理解し、納得したうえで、「仕方がない、自分の力ではどうしようもないことなのだから」と受け入れることなのです。それが、仏教でいう「あきらめ」なのです。

この相談者の場合も、親や姉弟の関係であっても、そういうことはあるのだと理解し、それは「自分の力ではどうしようもない親子関係、姉弟関係なのだ」と納得して、その現実を受け入れました。そしてその相談者の方は、「関係を修復しようとせず、気持ちを切り替えます」と言って帰っていかれました。悲しい気がするかもしれませんが、あきらめなければならないことは世の中には存在しますし、こだわってもどうしようもないことも確かにあるのです。

お坊さんの一言

血のつながりがあっても自分以外は皆他人です
自分の力ではどうしようもないとあきらめるのも大切なことです

04 僧侶もこだわりにとらわれる

この章の最後に、こだわることで苦しんだという仏教者のお話を紹介しましょう。これまで見てきたようなこだわりに、お坊さんでさえとらわれてしまうことを描いたお話です。

まずは、お釈迦様の弟子ダンミカという修行者のお話です。彼は他人にも自分にも厳しく、些細な過ちや間違いなどが許せないタイプでした。他の修行者のちょっとしたミスを見つけると徹底的に追及し、いつまでもネチネチと過去のミスを持ち出したのです。

仏教教団では、基本的に言い争いが禁止されていました。言い争いになりそうだったら自分に非があるときは素直に謝り反省する、自分に非がないときは自分の意見を退け、相手にしない、というのがお釈迦様の指導でした。その教えに従い、ダンミカに誤りを指摘された他の修行者は素直に謝罪し反省したのですが、ダンミカはいつまでも非難を続けたのです。

やがて、ダンミカは孤立しました。反省している相手を許せない、周囲の人の過ちにこだわり続けるダンミカは誰にも相手にされなくなったのです。お釈迦様は、他人の行動にこだわることなく自分の行動のみを見つめるようダンミカに教え諭しました。そうして、次第に彼は穏やかになっていったのです。他人の過ちを許せず、いつまでもこだわっていると、孤立してしまいます。許すことも大切なのです。

こんな話もあります。キサーゴータミーという尼僧は、自分の子どもの死がきっかけで出家した女性でした。彼女は、生まれたばかりの自分の子どもが亡くなってしまったことに嘆き苦しみ、「誰かこの子を救って欲しい、生き返らせて欲しい」と街中を走り回っていたのです。街の人々は、必死の形相の彼女が恐ろしく、固く扉を閉ざしてしまいました。

そんなキサーゴータミーの前にお釈迦様が現れ、「今までに誰も死者を出したことのない家系から芥子粒をもらってきなさい。それがあれば、この子を生き返らせてあげよう」と言います。喜んだキサーゴータミーは、街中を走り回って「死者を出したことのない家系」を探します。しかし、そんな家系はありません。やがて、彼女は「人は誰もが死ぬのだ」ということに気づきます。そして「我が子の死にこだわっていた私が愚かでした」とお釈迦様に告げ、その場で出家するのです。

何かにこだわってしまうと、当たり前のことにも気づかなくなります。こだわることは、視野を狭くし、耳を閉ざし、周囲から人を隔絶してしまうことであるため、そこから抜け出せない人は孤立してしまうのです。

また、こんな日本の昔話もあります。とある大きな寺に立派な和尚さんがいました。その和尚さん、いよいよ臨終を迎えようとして「あぁ、いい人生だった。なにもこだわることなく、お釈迦様の教えを全うできた。こうして死を迎えられるのは、本当にありがたいことだ」と感謝の気持ちでいっぱいでした。

ところが死を迎える直前に「あっ、そういえば、以前に小判を壺に入れて床下に隠しておいた。しまった、すっかり忘れておったわい。弟子たちに今言えば、争いが起きるかもしれん。しかも、無駄に使われたらそれも困る。せっせと貯めた小判だ。大切にしてもらわないといかん。さて、どうしようか。困ったぞ」と、小判のことで頭がいっぱいになってしまったのですが、間近に迫った死は待ってくれません。和尚さん、小判のことを気にしたまま、亡くなってしまいました。

それはとても静かな臨終で、弟子たちは「あぁ、さすがに立派な和尚様でした。きっと御仏の元へと旅立たれたのでしょう」と悲しみながらも和尚さんを讃えたのでした。

しばらくして、弟子の一人の夢にその和尚さんが現れ「実は、わしは、臨終のとき小判の使い道にこだわってしまって、蛇に生まれかわってしまった。苦しくてかなわん。どうか助けて欲しい。本堂の床下を見ればわかる」と言います。

そのお弟子さん、不思議な夢もあるものだ、と思い本堂の床下を見てみると、小判の入った壺にヘビがとぐろを巻いていました。「あぁ、夢は本当だった。するとこのヘビが和尚様?」

と弟子たちは驚きます。

さてどうしたものか、と弟子たちが困っていますと、その晩、また和尚さんが夢枕に立ちます。

「わしのためにお経をあげてくれ。それでわしは救われる。あんな小判にこだわったわしが愚かだったのだ。お前らも決して世俗のことに執着せぬようにつとめるのだぞ」

弟子たちは、和尚様の言葉通りに供養をしました。すると小判の入った壺の横で、ヘビが死んでいたのです。弟子たちは執着の恐ろしさを知り、小判を貧しい人々のために使ったのです。

こうしたお話からもわかるように、我にとらわれると人生は辛いものになってしまうのです。仏教ではこの我をなくし、なるべくこだわらない生活を送ることを目標にしています。その目標に向かって努力を重ね、我にとらわれない考え方を身につけることができれば、人間関係で疲れている人も気持ちが晴れ、楽に生きることができるでしょう。

しかし、こだわり、我をなくすと言っても、簡単にはできないことだと思います。修行を積んだ立派なお坊さんでも何かに執着してしまうのですから当然です。

また、他人が嫌になって疲れる、自分自身に嫌気が差して疲れる、社会の仕組みについていけずに疲れるなど、状況や対象によっても、どのようにこだわりをなくしていけばいいか異なってきます。

そこで次章以降は、何に対してこだわってしまい、日常生活でどのような人間関係に疲れてしまったのか、という状況を考慮しながらその対処法を詳しくお話し、我との上手い付き合い方を知ってもらいたいと思います。

順番どおり読む必要はありませんから、気になる章から読んで自分の疲れの原因を探ってみてください。

お坊さんの一言

こだわりにとらわれない考え方を身につければ人間関係での疲れがなくなり気持ちも晴れやかになるのです

第2章

他人との付き合いに疲れてしまう人が楽になる方法

人間関係に疲れてしまう最大の理由は、嫌な人や苦手な人と接しなければいけないことにあるでしょう。たとえ会いたくないと思っていても、そのような相手は自分の周りに一人や二人は存在しているものです。

自分には嫌な人はいないという人は、そういう相手にまだ出会っていないだけで、それは大変幸せなことだと思います。なぜなら、嫌いな相手や苦手な相手と出会うことは辛いことであり、苦しいことであるからです。そうした相手は顔を見るだけで疲れてしまいますから、できることならそんな相手とは会いたくないし、顔も見たくないというのが本音ではないでしょうか。

しかし、嫌な人が同じ職場やクラスにいたり、近所に住んでいたりするとどうしても会わなくてはなりませんから、避けることはできません。

お釈迦様は、この世の誰もが嫌な相手、憎い相手と出会わなければならない苦しみを抱えていると説いています。これは、四苦八苦のうちの「怨憎会苦《おんぞうえく》」と言われるものです。

四苦八苦とは、この世に生まれた以上、経験しなければならない八種の苦しみのことです。生まれたことの苦しみ、老いる苦しみ、病にかかる苦しみ、死ぬ苦しみ（生老病死苦）、愛する者と別れなければならない（愛する物を手放さねばならない）苦しみ（愛別離苦《あいべつりく》）、嫌な相手・

苦手な相手と会わねばならない苦しみ（怨憎会苦）、人や地位、名誉など、欲しいものが必ずしも手に入らない苦しみ（求不得苦《ぐふとくく》）、どうしようもなく燃え上がる煩悩の苦しみ（五蘊盛苦《ごうんじょうく》）、これを四苦八苦と言います。

この四苦八苦は、どんな人にも平等に起こり得る苦しみなのです。この苦しみは避けて通ることができないのです。

その中の一つ、「怨憎会苦」は、まさに嫌いな相手、苦手な相手と出会わねばならない苦しみのことです。はるか昔から、人は人間関係で苦しみ悩んでいたのです。

しかし、人が人を嫌いになるには何らかの原因があるはずです。原因がなく相手のことが嫌いになる、苦手になるといったことはないでしょうから、そこには必ずそうなった理由があるはずです。その原因がわかれば、嫌いな人、苦手な人に疲れてしまったことに対する解決策が見えてくると思います。

あなたが相手を嫌いになった、苦手になった原因は、いったいどういったことでしょうか？

そこを探っていきたいと思います。

01 根拠のない噂を立てられて嫌いになった

あることないこと言いふらされたり、勝手な噂を立てられたり、意地悪をされたりすれば、その人のことを嫌いになるのは当然でしょう。ましてやいじめを受けたならば、加害者のことを嫌いになるのは当たり前のことです。

悲しいことですが、悪口を言ったりあらぬ噂話を流したりで意地悪をする人はいつでもどこにでも存在しています。そうしたことの被害者になれば人間関係に疲れてしまうのは当然ですね。

では、そうした状況に陥った場合、一体どうすればいいのでしょうか?

噂話や悪口に対しては、相手にしないという方法が一番いいでしょう。「そんな単純なことでいいの?」と思うかもしれませんが、相手にしないということは意外にも効果があるのです。

噂話や悪口は、あなたに対する嫉妬から生まれてくるのだと思います。あなたが「できる人」だったり、「可愛い人」だったり、「ひいきされている人、特別視されている人」だったりするから、妙な噂を立てられたり、悪口を言われたりするのです。

それはやっかみからくるものですから、いちいち気にしないほうがいいのです。何も悪いことをしているわけでもなく、やましいことがないのならば、堂々としていればそのうち噂話は消えますすし、相手も悪口を言うことに飽きてきます。

こうしたあらぬ噂話や悪口は、できる人や可愛がられる人などの身にいつの時代もあったことです。お釈迦様ですら、あらぬ噂や悪口を言われ、街の人々から軽蔑のまなざしで見られたことがあったのです。

お釈迦様の教えは当時のインドの人々に広く浸透し、それまであった他の宗教者から妬みの対象となりました。既存の宗教団体は、多くの信者や弟子をお釈迦様にとられてしまったため、お釈迦様に対して嫉妬の炎を燃やしていたのです。

ある日のこと、とある女性が大きなお腹を抱え、お釈迦様に向かって「このお腹の子はあなたの子だ。もうすぐあなたの子どもが生まれるのだ。責任を取ってくれ」と言いがかりをつけてきました。

その言いがかりは「お釈迦様は街の女を弄び妊娠させた」という噂になって、あっという間に街に広がってしまったのです。もっとも、その噂を広めたのはお釈迦様に恨みを持つ宗教者だったのですが。

しかし、真相を知らない街の人々は、「お釈迦様は偉そうなことを言っているが、街の女を妊娠させた。インチキ宗教者だ」とさらに噂を立て、悪口を言いだしたのです。そのため、お釈迦様やその弟子たちは街の人たちから無視され、托鉢もままならぬほどになりました。

この騒動は、仏教教団にとって結構な痛手となりました。困った弟子たちが「お釈迦様、なんとかしないと教団がつぶれてしまいます。この街を出たほうがいいのではないでしょうか」と訴えたほどでした。

しかし、お釈迦様は、

「私には何もやましいことはありません。間違ったことは一つもしていないし、正しいことをしているのですから、このまま堂々としていればよろしい。そのうちに真実がわかり、噂話も悪口も消えるでしょう」

と言って、噂話や悪口に対し言い訳や反論もせず、一切を無視したのです。

やがて、女のお腹のふくらみは、布を巻いていただけのインチキだということが発覚しました。そして、その女性は捕えられ、他の宗教者から雇われていたことを白状したため、お釈迦様の身の潔白は証明されたのです。街の人々は、あらぬ噂話に振り回されたことや悪口を言ったことをお釈迦様に謝りました。するとお釈迦様は、

「なにも反論しなかったことがよかったのである。人は、少し喋れば非難される、多く喋って

も非難される、黙っていても非難される。己の言動が正しいものであるならば、黙っていたほうが賢明である。何か喋れば揚げ足を取られるだけであるから」

と弟子や街の人々に説きました。

つまり、下手に反論すれば、その反論に対してまた噂を立てられたり、悪口を言われたりするのです。黙っていれば、非難の材料を与えることはありません。堂々と日常の生活をしていれば、いずれ身の潔白が証明されるものなのです。

その後、お釈迦様や弟子たちは以前にもまして街の人々の信頼を得ることとなり、反対に悪事を企てた宗教者は当然のことながら信用を失ってしまったのです。

噂話や悪口は、それに反応するから周りは面白がって、さらに噂を立てたり悪口を言ったりするのです。何とも思わない、平気であるという顔をしていれば、いずれ面白味がなくなり、その人の噂を立てることも悪口を言うこともなくなっていくでしょう。無視をするのが辛い、ムカつくというのはわかりますが、少なくとも噂話を流している人や悪口を言っている人の前では、堂々としていることです。その噂話や悪口が悔しくて、泣いたり怒ったりするのは、周囲の人に見つからない場所で行いましょう。

実際に上司と不倫しているという嘘の噂話を流され困っていた女性が相談に来られたことがありました。その上司は、社内のみんなから人気があった人だそうです。

そこへ新入社員として相談者の女性が入ってきたのです。彼女は若くて愛嬌があり、誰にも可愛がられるタイプでしたから、人気者の上司からも可愛がられました。それが一部の女子社員の嫉妬を買って、「その上司と彼女は不倫をしている」という根も葉もない噂を立てられてしまったのです。

その上司は噂話を無視していましたが、相談者の方は悔しくて仕方がなかったのですね。噂を流している社員に抗議したのですが、これが火に油を注ぐことになってしまいました。それ以来、噂話はエスカレートし、さらなる作り話がまことしやかに流れてしまったそうです。

私は、先ほどのお釈迦様の話をし、「言い返したい気持ちはわかるけど、そんな者たちに対抗しても虚しいだけですよ」と説き、上司と同様に無視をして堂々としているようにと言いました。相手の我に自分の我をぶつける必要はありませんからね。そんなことをしても疲れるだけですから、自分の我を貫くことにこだわらないほうがいいのです。

彼女は噂話や悪口を無視し、堂々と振る舞ったそうです。その振る舞いによって、噂話をしている人たちのほうが白い目で見られることになり、彼女に関する噂話もそれ以来なくなったとのことです。

噂話をしている人、悪口を言う人に対し、対抗して反論したり、怒ったりするのは逆効果です。自分の言動が正しいならば、無視をしていれば自ずと周囲の人たちは真実をわかってくれますから、堂々として自然に噂話や悪口が消えていくのを待つべきなのです。
真実がわかったとき、恥をかくのは嘘の噂話を流したり悪口を言ったりした本人ですから、堂々として無視をするという姿勢を通すことが、噂話や悪口を言う嫌な相手への最も有効な対処方法なのです。

お坊さんの一言

悪口や噂話はあなたへの嫉妬から生まれるものです
根拠のない噂話や悪口は無視して毅然とした態度をとりましょう

02 友人は同じ職場や学校以外でもつくろう

友人は同じ会社内や学校だけではなく、それ以外の場所でもつくっておくことをお勧めします。学校や職場に一人しか友人がおらず、それ以外の場所にも友人がいないという状況では自分一人で不安を抱え込んでしまうかもしれませんから。

友人がいなくなるのは困る、という不安を持ってしまうと、余計に疲れが増してしまいます。次の方がそのいい例でしょう。

人付き合いに疲れてしまったと相談に来られたのは、若いＯＬさんでした。その方には同じ部署に仲のよい友人がいましたが、二年ほどが過ぎたころから友人として付き合うことに疲れてしまったそうです。次第にその友人からの誘いを断るようになり、会社で顔を合わせるのも嫌になって、周囲から元気がないとまで言われるようになってしまいました。

相談者の方が友人を避けるようになったのは、優柔不断のくせにマイペースで自分勝手なところが「うっとうしいから」ということでした。たとえば、どこかへ行くことになっても、その友人は行きたい場所は特にないからと相談者に場所を決めさせるくせに、その方が決めた場所に行くと、決まって文句や不満を言ったりするのだそうです。挙句の果てには「来るんじゃなかった」とまで言うときもあったのですから、やり切れない思いは募る一方です。

友人として付き合い始めたころはそのようなことはなく、気を使ってくれていたそうですが、慣れてきたら自分勝手さが出てきて、付き合うのに疲れてしまったのです。つまり、彼女はその友人が隠していた自分勝手さが前面に出てきたため、うんざりしてしまったわけです。

しかし、それでも彼女は、その友人との付き合いをやめようとはしませんでした。なぜなら、その友人と縁を切ってしまったら、他に親しい友人がいなくなってしまうからだと言うのです。

友人が嫌いになった、という理由の場合、はじめはよかったが次第にその人の素が出てきてそれが嫌になった、ということが多いようです。つまり、付き合いに慣れてくると、自分は付き合い方が変わらなくても、その友人の地、つまり我が出てきてしまって自分の我と合わないため、うっとうしいと思うようになってしまうのです。

そして、何度も相手の我に振り回されるようになると相手のことが嫌いになり、付き合うことに疲れてしまうのです。しかも、その相手が簡単に付き合いをやめられるのならまだ楽なのですが、友人はその人しかいないとか、同じ会社で毎日顔を合わせるので気まずいとか思うと、簡単に付き合いはやめられず、余計に疲れが増してしまうのです。

こうした場合、私は相手にはっきり「わがままだ」と伝えたほうがいいと話します。本人は自分のわがままさ、身勝手さに気がついていないのでしょうから、それを気づかせてあげることはその友人のためにもなります。その友人は、その相談者の方に甘えているのですから「途中でわがままを言わないで、はじめから自分の意見を言えばいい」とはっきり言ってあげたほうがいいのです。

こうした場合、たいていの相談者は揉めないだろうかと心配しますが、すでに付き合いに疲れているのですから揉めたって問題はありません。思ったことを言って、それを受け入れないような相手ならば揉めた時点でスッパリ付き合いをやめればいいのです。仏教的に言えば、そのような理解力のない、わがままで勝手な友人などいないほうが有益なのですから。

「そうなると友だちがいなくなる、孤独になる」という不安が出てくる場合は、言い方を注意すればいいでしょう。人は何か注意されたとき、たいていの場合「言い方」に腹を立てるものです。「そんな言い方しなくてもいいのに」ということですね。注意された内容に怒るわけではないのです。ですから、人に注意やアドバイスをするときは、なるべく穏やかに、例をあげて丁寧に教えてあげるといいのです。

彼女はすぐに友人に対し、それを実行しました。その友人は、はじめは怒ったそうですが、しばらくして謝ってきたそうです。そうして、またもとのように一緒に遊ぶようにはなったのですが、お互い「なんとなく違和感がある」という感覚は残ったそうです。どうしても我に疲れてしまった傷跡が残ってしまうのでしょう。そうした場合は、会社以外の友人をつくることが最もよいですね。

むしろ、揉めたときに顔を合わせるのが気まずいのなら、同じ会社や職場、学校の友人とはあまり深い付き合いをしないほうが得策とも言えます。違う会社や職場、違う学校の友人でしたら、揉めたときに会わなくなればそれで終わります。付き合いを簡単にやめることができますから、これも友人との付き合いに疲れないようにするための防衛策と言えるでしょう。「友だちはこの人だけ」とこだわらないで、友人の幅を広げることも大切ですね。

お坊さんの一言

わがままを言う人にはきちんと自分の意見を伝えましょう
自分を大切にしない友人との付き合いはキッパリ断ちましょう

03 強烈な我とどう向き合うか？

このように我と我がぶつかり合い、疲れてしまうということは、友人関係だけに起こることではありません。身内の中でも同様のことが起こる場合があります。

こんな話があります。相談に来られた男性のお嫁さん、何かと騒動を起こし、身内を振り回すのだそうです。たとえば、親の面倒を見ると言ったかと思うと、やっぱりやめたと言ったり、親と同居すると言ったかと思うと、急に嫌だと言い出したり、子どもの面倒を姑に急に押し付けたりします。それもご主人に相談する前にご主人の親に直接言うのですから、事が荒立ちご主人の親だけでなく、身内を巻き込んでの騒動になってしまったのです。

ご主人は奥さんに「なぜそんなことをするんだ」と問いただしたそうですが、奥さんは「だってそのときはそう思ったのだから仕方がないでしょ」の一言だったそうです。

ご主人は結局、奥さんの我に振り回され、また親の我をなだめるという状況に陥って親と嫁の板挟みになってしまい、疲れ切ってしまいました。我と我の間に挟まった己の我という構図になっているのです。

こうした場合、それぞれの我の真意をさらけ出すことが大事です。

まずは、奥さんの我です。なぜころころ意見が変わるのか、その真意を詳しく探るとこの奥さんは、テレビや近所の奥さん、友人、本や雑誌で得た情報に振り回されるタイプだとわかりました。「やるといい」と言われたことはすぐにやってみないと気が済まないという我を持っているのです。そこには悪意はありません。つまり、この奥さん、考えなしで行動をしてしまうのです。

ここまでわかったので、ご主人は奥さんに「行動に移す前に自分に相談するように」と頼みました。そして、自分の親には嫁は考えないで行動するところがあるので、何か連絡があったら自分に知らせてくれるように頼みました。嫁の我の暴走を止め、親には嫁は暴走するからと、注意をしておいたのです。つまり、嫁の我と両親の我が直接ぶつからないように対処をしたわけですね。

その結果、親は嫁の言うことを「あらそう」と聞き流し、すぐに自分の息子に連絡をしたそうです。それ以来、嫁がたまに暴走をしても、ご主人の両親は振り回されることはなくなったそうです。

このように、人は周囲の人間のわがままな振る舞いや自分勝手な行動に付き合わされると、その人のことが嫌いになったり、嫌になったりするのです。この場合は相手の強烈な我に圧倒されてしまうのが原因です。

ならば、相手の強烈な我にうまく対応できれば、嫌いな人に出会っても疲れることはないでしょう。問題はその対応の仕方なのです。

今まで見てきたように嫌いな人に疲れてしまう人は、相手の強烈な我に何も言えないタイプの人だといえるでしょう。しかし、自分のためにも相手のためにも、相手の我に圧倒されて尻込みしていてはいけません。はっきりと我が強すぎますよ、と教えてあげてください。そうすることによって、嫌いな人による疲れから解放されるのです。

ただし、その際は「言い方」に注意してください。ケンカ腰で言ったり、感情的に言ったりしないで、穏やかに話をすることですね。

お坊さんの一言

言い方に気をつけながら自分の意見を上手く伝えることができれば
相手の我をコントロールすることができるようになります

04 嫌な上司に疲れるのはあなたが「いい人」だから

しかし、どうしても自分の意見を言えない相手がいることもあるでしょう。強烈な我を持っている人が上司だったりすると、部下の立場としては「嫌です」とは言いにくいですね。

たとえば、上司から飲みに誘われ、面白くもないのに渋々付き合う。これは疲れます。楽しいはずのお酒の場が疲れる場所へと変わってしまうのですから、うんざりしてしまいますね。

しかし、よく周囲を見てください。他の同僚たちはニコニコしながら、あるいは深刻な顔をして「今日はちょっと……」と上司の誘いを断っているはずです。何度も断られれば上司もよく断る人は誘わなくなりますが、逆にあなたは上司の誘いを断らないから何度も飲みの場に誘われるのです。

結局、上司にはっきりものが言えないあなたが標的になってしまうのです。つまり、気が小さいことが疲れの原因なのです。

「この気が小さいのは何とかならないでしょうか」

と、上司からの誘いを断れないことに悩んで相談に来られた方がいました。もし断って怒られたらどうしよう、嫌われたらどうしよう、出世に影響するのではないか、と不安になってしまうのです。

しかし、よく聞いてみると、やはりその人の同僚は遠慮なく上司からの誘いを断っているようですし、それで上司から嫌われているわけでもなく、怒られるわけでもないのです。誘いを断っていても出世した同僚もいるそうですから、何も怖がることはないはずですが、気が小さくて堂々と言えないのだそうです。

ならば、仮病を使ってみなさい、と私は言いました。「どうもお腹の調子が悪くて……。今日は迷惑をかけそうだから帰ります」と勇気を持って言えばきっと、「そうか、大事にしろよ」で終わります。

このように、上司の誘いを断ったり仮病を使ったりする勇気が出ないのは、怖れを抱いているからでしょう。怒られるかもしれない、傷つくかもしれないと怖れているから勇気が出ないのです。お釈迦様は、

「人は己が最も愛しい」

と説いています。

こんな話があります。お釈迦様がいらした当時の大国コーサラの国王プラセーナジット王と

マッリカー妃との会話です。国王が妃に言います。

「マッリカーよ、君は自分よりもっと愛しいものがあるか？」

「王様、申し訳ないですが、私は自分より愛しいものはありません。王様はいかがですか？」

「マッリカーよ、正直に言えば、私も自分より愛しいものはないのだ」

しかし、そう答えた王でありましたが、それではあまりにも自己中心的で、いけないような気がしてきたのです。そこでお釈迦様にそのことを尋ねると、

「人は誰しも自分より愛しいものはない。他の人も同様にそう思っている。誰もが、自分が最も大切なのだ。だからこそ、他の人を慈しまなければならない」

「なるほど、自分を愛するように他人にも接しなさい、ということですね」

「その通りです、国王よ」

私は、この話をその相談者にしました。

「あなたも自分自身が愛しいのですよ。怒られるのが怖い、傷ついたら嫌だ、自分を守りたい。そういう思いが強いから、自分の意見が言えないのです。あまりにも自分を守り過ぎて、自己防衛がはたらいてしまっているのですよ」

その方は、「あぁ、そういうことだったのですね。自分を守り過ぎていたのですね」と納得されていました。そして「それは自分が好き過ぎ、ということですよね。それは恥ずかしいで

すね」と笑顔で帰っていかれました。

その後、その方は勇気を奮って上司の誘いを断ることができたそうです。一度できればその次も断ることができるようになりますから、次第に上司も事情がわかり無理に誘わなくなるでしょう。実際、そのようになったそうです。

結局は、はっきりと自分の意志を伝えられない、自分の意見を言えない、自分が原因なのです。自分の意見をはっきり言うことができれば、嫌いな相手に疲れることもなくなっていくのです。

また、このように自分の意見をはっきり言えない人は、「いい人」なのでしょう。なぜ「いい人」になるのか、それは周囲から自分自身が嫌われたらどうしよう、孤立したらどうしようという気持ちがあるからです。孤立したり、嫌われたりするよりは、「いい人」になって自分が我慢すればいい、と思ってしまうのです。

ですが、「いい人」は疲れます。根っからの「いい人」ならば疲れることはないのでしょうが、「いい人」を演じているのならそれは真実の自分ではないので、疲れるのは当然なのです。すなわち、「自分さえ我慢していれば」「事を荒立てたくないから」「嫌われると困るから」「孤立するのが怖い」という本当の自分とは逆の思いにこだわり、とらわれているから疲れてしまうのです。

しかし、それでは何の解決にもなりません。我慢も度が過ぎれば相手のためになりませんから、少しずつ自分の思いや意見を相手に伝えましょう。そうすることが、嫌いな人に疲れてしまったときの対処方法なのです。

このままではいつまでも対等の付き合いができず、相手のことが次第に嫌いになったりして疲れてしまうということを繰り返します。人と人の付き合いは、対等でなければ疲れるのは当然ですからね。

お坊さんの一言

傷つくのを怖れ自分を守りすぎるから「いい人」になってしまうのです
我慢して「いい人」を演じ続けなくてもいいのです

05 苦手意識はなぜ生まれるのか？

では、苦手な人に疲れてしまう場合はどうすればいいのでしょうか？　まずは、疲れの原因となる苦手意識がどういった理由で生まれるのかを考え、順を追って苦手な相手との付き合い方を探ってみましょう。

実は、私にも昔は苦手な人がいました。その方は僧侶です。地位も名誉もある、立派な御老僧で、僧侶として尊敬はできるのですが、どうしても苦手な人でした。今は遷化《せんげ》されておりますので、会うことはありませんが。

その御老僧が地位や名誉を得られるまでには、大変な御苦労や修行もあったことでしょう。そのためか、自分にも他人にも厳しい方でした。

私がその御老僧と初めて出会ったのは、高野山大学を卒業して高野山を下りたあとのことです。まだまだ若僧のころ、とあるお寺の行事でその御老僧と会いましたが、その初対面のとき、すでに私はビビっておりました。相手は御立派な御老僧、私は駆け出しのぺーぺーです。まとっているオーラが違いますから、その威圧感に耐え切れず、押しつぶされそうになってしまいました。

しわの寄った眉間《みけん》、むっつりと結ばれた口、そしてギョロッとした眼。そんな顔で睨《にら》まれると、ヘビに睨まれたカエルのように身動きが取れなくなってしまいそうでした。

おそらく、この最悪な第一印象がのちのちまで尾を引き、御老僧への苦手意識をどこかで抱くようになったのだと思います。ある日のこと、また別のお寺さんの行事でその御老僧と会うことがありました。もっとも、私は下のほうの座、御老僧は上座ですから距離は離れていました。ですから「うわっ、あの老僧が来ている、嫌だなぁ」と思いましたが、「席が遠いからよかった」と安心もしていました。

この時点ですでに私の中にははっきりと苦手意識が芽生えていたのです。

そして、その法会後のことです。皆さんが控室に戻るとその御老僧、目をつけられなくてよかったと思っていた私に一言、

「まだまだ勉強不足じゃな。あかんな」とおっしゃったのです。

私はその他大勢の中の一人で、特に何か役が当たっていたわけではありません。それなのになぜ自分だけがそんなことを言われなければならないのか……。未だにその理由はわかりませんが、ともかくなぜか注意をされたのですね。

まあ、確かに若僧ですので勉強不足ですし、修行も足りませんから、「あかん」のでしょう。それは認めます。しかし、そのように言われたのが自分一人だけだった（ひょっとしたら、他の僧侶の方も別の場所で注意されているのかもしれませんが）ので、どうも納得がいかなかったのです。

それ以来、その御老僧が決定的に苦手になってしまいました。ですので、会うたびになるべく避けようとこっそり隠れていたのですが、いつも必ず目をつけられ、何度となく嫌味を言われたのです。本当は嫌味ではなくアドバイスなのでしょうが、苦手意識を抱いた私にはもう嫌味にしか聞こえませんでした。

他の御老僧からそのような注意をされても、嫌味には聞こえなかったし、妙な苦手意識は抱かなかったのですが、その御老僧だけは特に何か言われなくても変な緊張感を持ってしまい、息苦しさを感じました。その苦手意識も今では思い出になっていますが、いい思い出にはなっていないですね。笑って話せるようにはなりましたが。

いつも威圧的でむっつりとした相手に苦手意識を感じる場合、それは第一印象の悪さから生まれてくるものでしょう。第一印象が悪いため、そのあとも自然体で接することができなくなってしまい、ますます苦手意識を増長させてしまい、悪循環を生むことになるのですね。

自分の上司がいつも眉間にしわを寄せ、ムスッとして冗談の一つも言わないと、きっとなんであの上司はいつも機嫌が悪いんだろうとか何が面白くないんだろうとか、いろいろ勘繰ってしまうでしょう。失敗などしていなくても、自分は何か失敗したのかなという不安を生んでいくのです。その不安からも苦手意識が生まれてしまうのでしょう。

お坊さんの一言

苦手意識は第一印象の悪さのせいかもしれません
第一印象が悪いと不安になり、苦手意識の悪循環に陥ってしまうのです

06 不機嫌そうな人との付き合い方

不機嫌そうな上司を持った場合、部下や周囲の人たちは、虫の居所が悪いのだろうかと邪推してしまうことが多いと思いますが、その邪推こそが苦手意識を生むのです。そして、邪推にとらわれることでますます苦手意識が強くなっていくため、苦手な人をつくり出してしまい、最終的には機嫌を損ねてはいけないとか、怒られたらどうしようかなどとオドオドして疲れてしまうのです。

私の場合も同じです。最初の印象が悪かったことが原因で、その御老僧と出会うたびに「あぁ、また何か言われる」と邪推してしまい、それが「嫌だなぁ」という態度に表れるのです。

きっと、そのような威圧感のある相手は多くの人から苦手意識を持たれるでしょうから、そうした態度を敏感に感じ取り、「あぁ、こいつも俺のことを誤解しているな。何も思っていないのに」と思うのです。相手によっては、「誤解させたままのほうが面白い」と考える方もいると思います。そのほうが、威厳が保てますからね。

実際、私が苦手だった御老僧について他の僧侶仲間に聞くと、多くの場合は「怖いけど話をすると気さくな方ですよ」という答えが返ってきました。こちらから積極的に話しかければいろいろ教えてくださったかもしれませんから、そういう意味では私はその御老僧から学ぶせっかくのチャンスを逃したのかもしれないですね。

そういった苦手だ、怖いと思われる人は、もともとそういう顔だったり、愛想笑いをするのが不得意だったりするのです。誤解されて本人もうんざりしているのかもしれません。

威圧的な上司がいて仕事がやりにくい場合はどうしたらいいでしょうか、と相談を受けたことがありますが、まずはその苦手意識はただの誤解なんだと納得することが大切です。私は、苦手な御老僧がいたという自分の経験の話をして、思い切って話しかけてみることを提案しました。

しかし、それでもやっぱり上司が怖いとその方は言います。威圧的な相手は確かに怖いので、その気持ちはよくわかります。

そこで私は「お釈迦様も、そういう誤解を受けていたんですよ」と話を切り替えました。お釈迦様は、必要なこと以外は話をしないで黙っていることが多い方でしたから、誤解を受けることはあったようです。

たとえば、食事の接待を信者さんが申し出ると、お釈迦様は黙ったまま返事をしません。それは「食事の接待を受けました」という意味なのですが、これを知らない人は「黙ったまま知らない振りなのか」「無視をするのか」と怒ることもあったようです。その都度、そばにいた弟子が「黙して何も言わない場合は、お受けしたという意味です」と言葉を添えて、誤解を解いたそうです。

また、お釈迦様は常々、

「余分な言葉を慎むこと。大きな口をあけて笑わないこと。感情をあらわに出さないでいつも冷静であることを心がけなさい」

と説いています。ですので、どうしても不機嫌そうに見えることもあったのですが、実際は、お釈迦様は何も悪いことを思ってはいません。不機嫌そうに見えるのは、お釈迦様を見る側の心の問題なのです。

そのいい例が仏像です。よく仏像の見え方が違う、と多くの人が言います。

たとえば、ある人は優しそうに見えると言い、ある人は怒っているように見えると言い、ある人は何だか無愛想、またある人はなんだか悲しそうと言います。あるいは、今日は優しそうだとか、前回は優しそうに見えたけど今日は怒っているように見えると言います。当然のことながら、仏像は造られたものですから顔が変わることはありませんが、見る人によってその表情はさまざまに変化するのです。

それは見る側の心のありようによるので、たとえば自分自身に何か後ろめたいことがあると、優しい顔で造られた仏像のお顔も怒ったように見えてしまうし、辛いことがあると悲しい顔に見えるものなのです。

不機嫌そうに見える上司も、もとからそういう顔であるだけで、決して不機嫌なわけではないのでしょう。難しそうな顔をしているのは部下の手前かもしれませんし、あるいはその上司を見る自分自身にやましいことがあるから、上司が怒っているように感じるのかもしれません。いずれにしても、それは誤解なのです。それに、いくら機嫌が悪いからと言っても、失敗もしていない相手にいきなり怒ることはないでしょう。まずは先入観を捨てて声をかけてみることです。

もし、勇気を振り絞って話しかけたのに機嫌が悪いような返事がきたら、それはあなたのことで機嫌が悪いのではなく、他のことで機嫌が悪いのでしょうから気にしないことですね。

外見が威圧的だ、怖い、いかつい、怒っているように見えるからと言って、その人の腹を探るようなことはすべきではないでしょう。それは、自分で勝手に相手を恐ろしいものだと決めてかかっているだけにすぎないのです。つまり、自分勝手な悪い想像で、勝手に苦手になっているのです。

このような苦手意識は、早めに克服しておかないと損をします。若いうちに覚えられるはずの仕事のノウハウを教えてもらうチャンスを失うこともあるからです。私のようにね。
　むしろ仕事に失敗があったとしたら、その苦手な上司に相談をしたほうがいいかもしれません。はじめは怒鳴られるかもしれませんが、素直に頭を下げ相談をすれば、親切に処理の仕方を教えてくれると思いますよ。自分の気が弱いからといって殻に閉じこもっていては、苦手な人に疲れてしまう自分を救うことはできません。

お坊さんの一言

苦手意識は自分の勝手な想像や誤解が原因なのです
勇気を持って自分から話しかければ苦手意識は克服できるのです

07 暑苦しい人には苦手意識をはっきり伝える

何事も一生懸命で「ガッツだ、頑張れ！　根性だ」などと熱くなりやすい人がいると、周囲の人たちは引き気味になるものです。また、いろいろ世話を焼きたがるお節介な人もいますし、中には世話を焼くのが生きがい、というような人もいます。こういう人たちを苦手だと感じる方は多いのではないでしょうか。

実は、私も世話焼きタイプの人が苦手です。私は、どちらかというと放っておいてもらいたいタイプなのです。仕事柄、多くの方と接しますが、その中には世話焼きの方もいらっしゃいます。痩せたんじゃないか、太ったんじゃないか、好きな食べ物は何か、今度さしいれしますよ、こうした方がいいんじゃないか、ああした方がいいんじゃないか、ああだこうだ……。疲れます。私はその人一人を相手にしているわけではないし、どなたにも平等に対応しますので、妙な世話は焼いて欲しくないのです。

ですが、ご年配の方には心配性というか、世話を焼くのが美徳だと思っている方がいらっしゃるようで、イキイキとして世話を焼いてくるのです。私はいつものらりくらりと煮え切らない返事をしてごまかしておりますが、そんなに世話を焼かれては気疲れしてため息が出ることもあるのです。

そのような暑苦しい方、世話好きの方は、自分で自分の暑苦しさに気づくことはほとんどありません。本人は良かれと思ってやっていることなので、相手が嫌な思いをしているなどとは少しも思いませんし、自分が熱くなりすぎていて周りがシラケていることには気づかないのです。

そういう人が苦手な人は、どのように対処していけばいいのでしょうか?

それは、はっきりと、

「私は、あなたのようなタイプの人が苦手なんです。ついていけないんです」

と宣言することです。そんなことを言ったら付き合いがしにくくなるじゃないですか、と反論されそうですが、ちゃんと説明すればわかってもらえるのではないでしょうか。

「私は、積極的に動くのが好きではありません。どちらかというと、控えめでいたいし、あまり周囲の人と関わりたくないのです。参加しなければいけない行事にはなるべく参加しますが、家や仕事の都合もありますし、あなたのようにはできません。申し訳ないです」

とはっきり断ったほうがいいと思います。そのような暑苦しいタイプの人は、苦手だと言われてもめげませんから、遠慮することはありません。

私の寺仲間の中にもやたらと理想論を掲げるお坊さんがいるのですが、その方も寺仲間で行う行事などがあると、やたらと張り切り熱く語りはじめるのです。ですが、その方の言う通りにしていたら、簡単なことでものすごく大きなイベントになってしまいます。できればその方の言うようにしたほうが理想的なのでしょうが、現実的に考えれば不可能です。

私は、そういう場合いつも冷たく、

「それは無理ですね。現実的ではないです」

とはっきり言います。無理なことは無理と言わないと話がどんどんエスカレートして困りますし、黙っていると認めたことにもなりかねませんから、自分の意見ははっきり伝えた方がいいのです。

熱くものを語るタイプの人が苦手だからと言って「はぁ」とうなずくだけでは、振り回されて疲れてしまいますから、振り回されるのが嫌ならばはっきり断ったほうがいいのですよ。

逆に、そうした熱く燃える人や世話好きの人も、集団の中だと浮いてしまうと感じることはあるようです。ご近所付きあいで世話を焼きたがる女性からこんな相談を受けたことがあります。

その相談に来られた方は、ゴミ集積場の清掃、排水溝の清掃、集会所の管理、町内会の会費の使途、町内での行事など地域のさまざまな問題について、いつも一生懸命前向きに関わってきたそうです。率先して町内の活動に参加し、町内の行事等に参加しない人たちに対しては各家々を回り、積極的に町内会に参加するよう働きかけたりもしました。

そうした行動に「あぁ、すごい人だな、私たちも参加しよう」と共感する方もいましたが、逆に「うっとうしい、放っておいて欲しい」という方もいたのです。

相談者の方はそんな周囲の意見には気づかずに、あまりにも一生懸命町内行事をリードし世話を焼くので、近所の方々は気持ちが冷めてしまいました。周囲の人と距離ができてしまいましたが、それでもその方は、

「どうせやるなら、完璧にやりたいのです。いい加減にはやりたくないのです。それを皆さんにもわかって欲しいのですけど……」

と言います。

しかし、世の中にはそうした完璧主義の人や理想論を振りかざす人、一生懸命すぎる人、世話焼きの人が苦手な人もいるのです。

こうした熱い人、世話好きな人は、人と接するのが苦手という人の気持ちをわかっていないのですから、私はその相談者の方に、

「私もあなたみたいな人は苦手なんですよ。周りの人たちの気持ちを汲み取らず、あまりにも

自分の意見を押し通し、一生懸命やりすぎると、周囲の人があなたに苦手意識を持つのは当然でしょう」

とはっきり告げました。そう言われて初めて、その方は自分の「暑苦しさ」に気がついたのです。

世の中にはいろいろな人がいるのです。何事にも熱く一生懸命に取り組む人もいれば、そこにやっておけばいいやと思う人もいます。そうした熱い人が苦手な人もいれば、煮え切らない適当な人間が嫌い、という人もいます。世話好きな人もいれば、世話を焼かれるのが嫌、という人もいます。

ですから、周囲の人をリードしていきたいと思うのなら一方的に自分の我を通すのではなく、周囲の人たちの気持ちを考えて、緩やかにリードしていくべきでしょう、とその相談者の方に私は話をしたのです。するとその方は、

「私はやり過ぎて孤立してしまったんですね。私みたいな人が苦手な人ってたくさんいるんですね。以後、気をつけます」

と言って、反省していました。

この方は自分自身で気がつき、それ以降は熱くなりすぎないように自分で注意されるようになりました。しかし、暑苦しい人や世話好きの人がいつか自分で自分のうっとうしさに気づく

ことを期待していても何も変わることはありません。もし身近にそうした人がいる場合は、ためらわずに思ったことをきちんと伝えるべきなのです。

お坊さんの一言

世話焼き、熱い人は他人に煙たがられていることに気づきません
熱い人には苦手意識をはっきり伝えてあげましょう

08 反応がなくても気にしない

無反応な人が苦手という人もいます。

「私の部下に何を言っても無表情、無反応の者がいるんですよ。一応、返事はするのですが、わかっているのかいないのか、さっぱり見当がつかないんです。一度、反応してみろ、と怒鳴ったことがあるのですが、ただ『はぁ』というだけで……。ああいうのは、どうにかならないんですかねぇ」

無反応の部下に困っていた方から相談です。私は、

「その人は、無反応という以外、何かあなたに被害は与えたのですか」

と尋ねました。それに対しては「いや、何も」とのことでした。

ならば放っておけばいいのではないか、と私は思います。被害がないのならこだわる必要はないからです。どうしても、無反応や無表情でイラつく、気持ちが悪い、どうも苦手だ、と思うのでしたら、こちらも無反応で対応したほうがいいでしょう。苦手だ、嫌だと言っていても、

その人は変わらないのですから、こちらが対応を変えるしかないのです。ですから、注意などをしたあとに「わかったのか」と確認したら、そのまま終わっておけばいいのです。

無反応・無表情の人にイライラしてしまう人は、その無反応な人に生理的な苦手意識を抱いているのかもしれません。しかし、そういう無反応な人も実際は自分の無表情・無反応に悩んでいるのかもしれませんし、ものすごく人見知りなのかもしれません。そう思ってあげれば、生理的に無理だ、苦手だ、と逃げる必要はありませんし、むしろ哀れんであげたほうがいいのです。

お坊さんの一言

無反応な人に悪意はありません
被害がないのなら放っておけばいいのです

第3章

自分自身に疲れてしまう人が楽になる方法

世の中には、自分自身に疲れてしまうという人もいます。このような人たちは、自分の中の何かが原因で自分に嫌気がさしてしまい、疲れてしまうのでしょう。これは放っておくと、ウツになったり、引きこもったりする危険性があるので、自分に嫌気がさして疲れてしまったときは早めの対処が必要です。そのためには、自分がいったい自分の何に嫌気がさし、疲れてしまったのか、その原因を知ることが大切です。ですから、まずはその原因を探りながら、対処法を考えていきましょう。

01 言いたいことが言えない自分に疲れる

前章でも少し触れましたが、言いたいことを言えない自分に嫌気がさし、疲れてしまうという方がいます。自分にとって嫌な相手や苦手な相手が周囲にいても、言いたいことが言えずに従ってしまう。このような気弱な状態になる人が多いのはなぜでしょうか?

最も大きな理由は、「嫌われたくない」からでしょう。気が小さく、言いたいことが言えないという悩みを抱えてお寺にやってきた人たちは、皆さん「嫌われたくないのです」と口にします。そして「いい人だと思われたい」とも言います。

そうした恐怖や願望は、社会に出てから生まれたのではなく、おそらくは学校生活の中で生まれたものなのでしょう。そう、学校内でのイジメに対する恐怖ですね。イジメを受けた経験のある方は、自分の意見を言うことに怖さを感じるようですし、仲間外れにされることを極端に避けるようになり、極力いい人でいようとするようです。

また、周囲にイジメがあったという経験がある方も、「仲間外れ」を怖れるようです。「下手なことを言うと、自分が嫌われる番になる」という恐怖が心のどこかに潜んでいるのではないでしょうか。その恐怖心から、なかなか自分の意見が言えない、気の小さい人となってしまい、大人になっても「黙っていれば嫌われない、仲間外れにされない」という思いを引きずって、言いたいことも言えなくなってしまうのです。

他に、子ども時代に厳格な家庭に育った方も、言いたいことがなかなか言えないという人になりやすいようです。しつけが厳しく、親に逆らうことを許されなかったという家庭で育った方は、何か意見を言うと怒られる、と先に考えてしまうため、自分の意見を言うのが苦手になってしまうようです。怒られる、怖い、結局自分の意見など通らないと考えて、ならば黙っていようという結論に至ってしまうのです。

では、このような人はいったいどうすればいいのでしょうか?

疲れの原因は、「言いたいことも言えない情けない自分が嫌」というところにあります。ならば、その解決策は、二つに絞られます。一つは、「嫌われてもいい」と開き直ること。もう一つは、「あきらめること」です。

お釈迦様は、よく「独りでいるほうがいい」と説きます。たとえば法句経には、「愚か者を連れとせず、独りで行くほうがいい。諸々の悪をなさず、林の中の象のように少欲で、独り行くがよい」

とあります。

周囲の人から嫌われたくない、仲間外れにされたくないからといって、その人たちに調子を合わせ、嫌なことを受け入れるのは愚かしいことだと思います。嫌ならば嫌と言えばいいし、その周囲の人たちと趣味や性格が合わないのなら、断ればいいのです。

そして、そのために仲間外れになって嫌われてもいいのです。自分と合わない人たちに無理に合わせて苦しむよりも、孤独でいたほうが賢明なのです。

このような話を実際に相談に来られた方にしたことがあります。するとその方は「職場の雰囲気が悪くなる」と言いましたが、それは断り方の問題でしょう。つんけんして断れば嫌な顔もされますが、遠慮がちに優しく「私はちょっとやめておきます」とでも言えば、雰囲気は悪くはならないでしょう。

そのように言っても、嫌われることを怖れているこの方は、次から誘われなくなるのは寂しいからと煮え切らない様子です。付き合いたくはないけど、嫌われたくもないと言うのです。

人間は勝手なものです。「嫌われたくない、仲間外れにされたくない」でも「自分の意見は言いたい。できれば、いい人だと思われたい」のです。

しかし、それは理想的な姿ですので、まずはそのような希望が叶うことはない、ということを納得することが大切でしょう。

その方にも、「そんな理想的な姿にはなれないでしょう。だから悩むのでしょう」と納得してもらいました。そのうえで、先ほど言った二者択一、嫌われてもいいと開き直るか、仕方がないとあきらめるかを考えてもらったのです。

お釈迦様でしたら、孤独を選択するでしょう。仕事さえしっかりしていればそれ以上の付き合いはする必要はない、嫌々付き合うくらいならば、孤独であるほうがいい。これが、お釈迦様の教えです。

しかし、この選択をしてしまうと職場では孤立します。ですので、それに耐えられるだけの精神力、あるいは「職場は職場、仕事をするところ」と割り切る気持ちが必要です。「いい人になる必要はない」と受け入れることも大切ですね。それらの割り切りができれば、職場での嫌な付き合いを断ることができ、情けない自分から卒業できます。

そんな割り切りは到底できない、私には無理、と思うのでしたら、あきらめるという選択となります。あきらめるというと敗北者のようなイメージがありますが、前章でも述べたとおり、このあきらめは仏教的なあきらめのことです。努力したうえで現実を素直に受け入れることであり、決して苦難から逃げ出すあきらめではないのです。

二者択一を考えていた相談者の方は、

「情けない自分もあり、ということですね」

と答えを出しました。このままでもいい、つまり、「あきらめる」ことを選んだのです。

どんな人間であっても、言いたいことをすべて言っているわけではありません。そんなことを言いだしたら、わがままで勝手な人間になってしまいます。どんな人でもある程度は我慢したり、辛抱したり、妥協したりしているのです。

たとえば、お坊さんは師僧《しそう》には逆らえませんから、言いたいことはほとんど言えません。

私が修行に入ったとき、「師僧が黒いものでも白と言ったならば、それは白なのだ、師僧には絶対逆らってはいけない」と教えられました。私の師僧は幸いにも黒いものは黒、白いものは白と言われる方だったので問題はなかったのですが、他のお坊さんの中には、間違ったことを押し付けられて苦労されている方もいました。

そういう方は、「仕方がない。師僧には逆らえないから」とあきらめていました。これが仏教的な「あきらめ」なのです。逆らえない状況もあるのですから、そういうときは仕方がないのだとあきらめてしまえばいいのです。

ですが、そこで終わってはいません。師僧に言いたいことが言えなかったお坊さんでも、「いつかそこから脱出できる」とか、「言い返せるチャンスがあれば」とか、そういう期待を込めて耐えるのです。そして、仲間内で愚痴を言ったり、憂さを晴らしたりすることでバランスをとるのです。

「どの世界でも、下で働く人間は、皆さんそんなものではありませんか」と私はその相談者の方に問いました。その方は笑って「そうですね。どこの世界も同じですね」と納得されたのです。

お坊さんの一言

嫌われたくないからといって周囲の人に調子を合わせ嫌なことを受け入れるのはやめましょう

02 劣等感から開放されるためにすべきこと

劣等感にさいなまれて落ち込んでしまい、疲れてしまう人もいます。運動ができない、勉強ができない、何をやっても鈍い、行動が遅いなど、人にはいろいろな劣等感が一つや二つはあるものです。

ましてや、「できる人」と出会ってしまうと、その人が眩しくもあり、羨ましくもあり、妬ましくもなるものです。そして、できない自分がみじめになり、落ち込んでしまうのですね。

私にもコンプレックスがありました。中学校・高校時代、身長が低いことが悩みの種で、それに加えて運動も得意なほうではありませんでした。これは今でもそうですが、運動自体好きではなかったです。まあ、それでも周囲に似たような身長の友人がいたため、それほど落ち込んでいたわけではありませんが、そういう学生でしたので、カッコいい男子学生が経験するような、異性との付き合いなどというものは無縁でした。

勉強は、高校まではまあまあでしたが、大学に行ってからは落ちこぼれました。実は、坊さんになる前は理系の大学に行っていたのですが、そこでの勉強が難しくてついていけなくなったわけです。そんな状態なのに飲み歩くことも多かったので、あっという間に落ちこぼれてしまいました。

異性に関してはコンプレックスの塊でしたので、女性との交流も多くはありませんでしたし、何回フラれたのかもわかりません。坊さんになってからも、自分と同じ年代の坊さんが活躍しているのを見ると自分が惨めに思えたこともありましたし、嫉妬の炎を燃やしたこともありました。

何でうちは貧乏な寺なのだろう、などということはよく思っていましたが、お釈迦様の教えもよくわかっていますから、「悩んではいけない。比較しても仕方がない、自分は自分だ」とよく考えることもありました。

仏教では、他人と比較することについて、このように説いています。

「他人と比較してはならぬ。自分の人生は自分のものであり、他の誰のものでもない。しかるに、他人と比較しても意味がないのだ。人それぞれ皆、能力も違えば望むものも異なる。皆それぞれの道があるのだ。他人と比較することなく、自分は自分の道を進めばいい」

私もこの言葉を幾度となく自分に言い聞かせたものです。

確かに、他人と比較しても何もいいことはありません。自分は自分です。いくら他人のまねをしようとしても、できないことはあります。

もちろん、他人のできることを見て、自分もああなれるように頑張ろうと思うことは大切です。あの人に追いつこう、あの人を追い越そうと努力すれば、それは自分自身の力になっていくでしょう。しかし、他人と比較して自分はダメだと落ち込むことに意味はありませんし、落ち込むくらいなら比較なんてしてはいけないと思います。

ですが、どうしても心の傷が消えず、コンプレックスにさいなまれて自分が嫌になってしまうこともやはりありますし、そのような相談で来られる方がいるのは事実なのです。

特に若い方からそうした相談をよく受けます。自分の周りの人ができすぎて困る、自分が惨めに思える、生きていくのが嫌になるという相談です。

確かに辛いと思いますが、その辛さに負けてしまっては人生少しも面白くありませんし、辛いことばかり味わって、楽しいことはなかった、などと思って人生が終わってしまっては損ばかりした生涯になってしまいます。

少しは楽しく生きないと面白くありませんから、このような相談があった場合は、私は先ほど述べた自分の若いころの話をして、若いときは誰にでもコンプレックスがあり、悩むのだ、ということを説きます。

その話を聞くと、皆さん「お坊さんでもコンプレックスはあったんですね」とか「和尚さんでも悩みがあったんですね」と驚きます。今では「悩みなんてありません」などと澄《す》ました顔をしていますが、若いときはそうでもないのです。誰しも、僧侶であっても若いころは他人と比較して落ち込んでしまうのです。こう話すと、

「いつから比較しなくなったのですか？」

という質問がありますが、それは「比較しても仕方がない」とあきらめたときからです。

他人と比較しても自分はその人にはなれませんし、自分ができる範囲も決まっています。いくら努力しても届かないところ、限界はありますが、次第に「自分にできること」がわかってくれば、自分を肯定的に見つめることができるようになるのです。

若いうちは、大いに悩んでいいのです。いや、むしろ悩むべきだと思います。努力を怠っていいというわけではなく、悩んで何とか頑張ろう、努力しようと思うことが、その人自身の力になっていくのです。

それに自分のことが嫌いという人は、言い換えれば自分の欠点がよく見えている人です。自分自身を知っている、ということでもありますから、あとは自分の欠点を拒否せず、それを素直に受け入れるだけなのです。大事なことは、素直に周囲の言葉を聞き入れること、素直に自分の欠点を認めることなのです。

無理をせず、ありのままの自分を見せるだけでも、気持ちは大分楽になると思います。

また、苦しんでいる者、悩んでいる者は自分一人だけではありません。そもそもこの世は苦の世界なのですから、苦しみのない人、悩まない人はいません。自分だけが苦しんでいるということはない、ということを忘れないで欲しいですね。

お坊さんの一言

他人と比較することなく自分の道を進めばいいのです
自分の欠点を受け入れることで自分を肯定できるようになるのです

03 できる人も悩んでいる

他人との比較が本人のためにならないことを知ってもらうため、以前相談に来られた「できる人」側の話を私はよくします。

そのできる人は、一流の大学を出て一流の会社に技術開発者として就職しました。最初の数年は成果を上げて会社の期待に応えることができました。周囲から羨望のまなざしで見られる超エリートですが、そんな人でも壁に突き当たるのです。

次第に成果が出せなくなり、気づけば他のグループや後輩たちに抜かれるようになったのです。彼も精いっぱい努力したのだそうですが、焦ってしまったのでしょう、思うように期待に応えられませんし、上司からも責められるようになりました。

こう話すと、ほとんどの方が「その人の気持ちよくわかります。そうなるとすごく焦るんですよね。下手をするとウツになってしまいますよ」と理解してくれます。そうです。その人はウツになってしまい、それが原因で会社を休むようになってしまいました。

その人が私のところに相談に来たときは、ウツもだいぶ良くなり、そろそろ会社に復帰しようかな、と考えていたときでした。「体調は良くなったので復帰はしたいけど、怖いからどうすればいいのか」と相談に来たのです。また、同じように期待をかけられ、それに応えられず、会社に行けなくなったらどうしよう、と悩んでいたのですね。私は、

「期待に応えられなくてもいいじゃないですか」

とそっけなく言いました。するとそのできる人は、「そんなわけにはいかないですよ」と目をむいて怒ります。「なぜ？」と聞き返すと彼は、

「私は期待されて入社したんです。大学だって最高学府の院まで出てる。だから、それなりに成果をあげなければいけないんです。私が会社に復帰したら、また上司は期待します」

と力説します。しかし、今さら期待するでしょうか？　彼の他にも期待をかけられている社員はたくさんいますし、同じ学歴の人間もたくさんいます。ですから、キツイようですが、現実をしっかり見たほうがいいので、

「期待はされていないと思いますよ」と話をしました。するとその方、泣きそうな顔をして、

「やっぱり、そう思われますか？　私も心のどこかで、もう自分には誰も期待していないだろうなと思ってはいたんです。自分はお荷物じゃないか、と」

と言ったのです。頭ではわかってはいるのですが、プライドが許さないのですね。だから、

期待されていない、と認めるのが怖いのです。しかし、そのまま終わっていては前には進めません。ですので、一言付け足しておきました。

「お荷物ではないでしょう。あなたにはあなたの仕事があるのですから。それに、期待されていない分、楽じゃないですか。職場のエースは辛いですよ。負けられませんから。それは、あなたもよくご存知でしょう」

私のこの言葉に彼は「あぁ、そうですよね」とうなずいたのです。そして、

「また同じ過ちを繰り返すところでした。そうですね。期待されていない分、私は楽ですね。でも、そのうち転属させられますよね……。出世コースから外されます。会社はそういうところですから」

と言うので、

「それもいいじゃないですか。むしろ転属されたなら楽な道に進ませてくれた、と思えばいいじゃないですか。どこに行くかはわからないけれど、もしかしたら自分に合う道に行けるかもしれませんから、悲観しなくてもいいと思いますよ」

と言うと、ようやく吹っ切れた様子で明るく話すようになったのです。

このできる人も辛いのだ、という話をすると、コンプレックスに悩む人は皆さん、

「辛いのは誰でも同じなのですね」

と納得します。そうなのです、優秀であろうが、コンプレックスの塊であろうが、誰でも悩みはありますし、疲れてしまうことだってあるのです。

いつもトップにいる人が、後から来たものに抜かれてしまうのは辛いものですから、優秀な人はそこから落ちることが怖いでしょう。周囲からできる人だと思われている人は、いつも期待に応えねばならないというプレッシャーを感じています。

たとえば、一流のスポーツ選手、オリンピック選手などは、国民の期待を背負っているのですから、それはものすごく大きなプレッシャーを感じているのではないでしょうか。きっと私なんぞは耐えられないでしょう。

そうした期待されている立場を考えてみれば、案外、期待されていない立場は恵まれているともいえるのです。ですから、期待に応える、一流を維持する、できる人を続けるということは大変しんどいものなのです。

だからこそお釈迦様も、

「この世に悩みのない人、苦しみのない人はいない」

と説いているのです。誰しもが悩みを大なり小なり抱えているのですから、この世に悩みのない人は一人もいないといえるでしょう。この世は苦の世界なのですから、これは仕方がないのです。ですから、コンプレックスがたくさんあっても、それは仕方がないのだ、とあきらめてしまえばいいのです。直せるところは直せばいいでしょうけど、そうでないところは、それも個性だと割り切ってあきらめてしまい、その上で自分にできること、自分に合った道を探していけばいいのです。

他人と比較するなと言ってもどうしても比べてしまうのが人間ですから、いっそのこと他人と比較してもいいでしょう。ですが、「他人の道は他人の道であって、自分の道ではない」ということを忘れないで欲しいのです。みんなそれぞれ自分の世界を持っているのですから、他人の世界に入り込むくらいならば、自分の世界を大切にし、それを生かしていく道を見つけることですね。

お坊さんの一言

この世に悩みや苦しみのない人はいないのです
他人の世界に入り込まず自分の世界を大切にしましょう

04 夢がかなわず疲れ果てる

夢をなくしてこの先どうしていいかわからなくなり、ふらふらしている自分に嫌気がさして疲れてしまうということもあります。人は目標を失うと、これから何をすればいいのかわからなくなってしまうものです。

では、どうすれば目標がなくなったことに悩まなくなるのでしょうか？　答えは簡単です。次の目標や夢を持てばいいのです。

「第一希望の夢は破れてしまったけど、第二希望の夢があるからそちらに向けて再出発だ」と、次の夢や目標に切り替えることができるからです。

最も叶えたい夢や目標は、必ずしも叶うものではありません。路上ライブでメジャーデビューを狙う若者はたくさんいますが、それを実現できる人はほんの一握りですし、プロを目指し、幼いころから野球やサッカー、ゴルフなどを必死に練習してきた人たちでも、プロになれるのはほんの僅《わず》かで、その他大勢は他の職業に就いていくのです。希望通りの職業に就ける人は、本当に少ないのが現実なのです。

実は、私も僧侶が第一希望の職業ではありませんでした。高校時代の目標は、テレビ番組の制作側、特に音響・音声関係の職業に就くことで、その目標を実現するために理系の大学に進みました。

僧侶は、本音を言えば最も嫌いな職業だったのです。わけのわからないお経をあげて人の死で金銭を得るなどというのはどうも理解できませんでしたし、受け入れられないことでした。ましてや宗教など胡散臭いものだと思っていましたし、心の弱い人間が頼るものだと思っていましたので、宗教そのものが嫌いでしたし、宗教なんて不要だ、とも思っていました。それが今ではお坊さんですから、世の中わからないものです。

我が家はもともとお寺ではありません。私が大学生のとき、父親が祈祷師になったのがきっかけで宗教に否応なしに触れることとなったのです。最初は宗教を嫌っていたので、家には近づきもしませんでしたが、やがて大学で行き詰ってしまって目標もなくなり、やる気が失せてしまったことで転機が訪れました。父親から「高野山にでも行ってみれば」と言われたため、とりあえずやることもないし、高野山のお寺にお世話になってみようか、と思ったのです。そのときは半分以上自棄《やけ》だったのですが、高野山と自分があっていたのか、すんなりと、いや、それ以上に上手く僧侶の世界にとけ込むことができたのです。

今ではあのとき素直に高野山に登ってよかったなと思っていますし、いろいろ苦労はありましたが、僧侶になって本当によかったと思っています。

夢や目標を持つことはとても大事なことです。最近の若い人たちは、はじめからどうせ夢なんてかなわないとあきらめて、夢を持たないとよく言われています。また、限界がはじめから見えてしまっているため、夢や目標が持てない社会だとも言われています。

しかし、そうはいってもやはり夢や目標を持つことは大切です。自分を磨いたり、向上心を持ったりできますし、夢や目標に向かって努力することも覚えます。

「いくら努力しても成果が出なければ意味がない」

とも言われますが、努力とはそういうものではありません。結果が伴わなくても、努力をした、という事実は残るのです。本当は、努力すること自体が大事なことなのです。

努力を知らないで生きてきた人たちは、弱いところがどうしてもあります。何に対してもはじめからあきらめてしまうのです。この場合の「あきらめ」は、私がいつも言う「仏教的あきらめ」とは違います。何も努力せずにはじめからあきらめてしまうのは、消極的なあきらめであり、人生を捨てている「あきらめ」です。仏教的なあきらめは、いろいろ努力はしたけれど、そうしてもダメだ、というときに初めて使える「あきらめ」であり、それは自分の限界を知り、納得したうえでのあきらめです。努力をしてきた人は、それができるのです。

懸命に努力した結果、夢が破れてしまった、目標を失ってしまった、そのときは、「懸命にやってきたではないか。これが自分の限界なのだ。この夢や目標はあきらめよう」と納得してください。そして、次の夢や目標を作り、その第二の夢や目標に向かって再び歩きはじめるのです。生きる道は一つではなくたくさんあるのですから、これがダメならこっちの道があるじゃないか、と視野を広く持って、次を探していけばいいのです。

ちなみに、私は最も好きなことを職業にはしない方がいいと思っています。よく「趣味を職業にできていいね」と言われる方がいますが、趣味は趣味として残しておかないと、心が疲れてしまったときに癒されることがなくなってしまいます。趣味が職業になってしまうと、趣味ではなくなります。もし、趣味を職業にしてしまったのなら、新しい趣味をつくっておいたほうがいいでしょう。

お坊さんの一言

夢に向かって努力することで自分にできることがわかり
人生を肯定できるようになるのです

05 夢をかなえてその先が見えなくなる

夢や目標を達成してしまい、この先どうしていいのかわからなくなって疲れてしまう人もいます。いわゆる「燃え尽き症候群」というものですね。

私もお寺の大きな行事が終わった後は、しばらくは何もやる気が起きません。私のような小さな寺ですらそう感じることがあるのですから、オリンピックで金メダルを取る、甲子園で優勝するなど、大きな目標を達成してしまったあとは何をしていいのかわからなくなってしまっても仕方がないでしょう。

そこまでではなくても、大きなプロジェクトをやり遂げたあとなどは、しばらくは何もやる気が起きないことがあります。仕事の場合は、次の目標なり、新しいプロジェクトなりが与えられればこうしたやる気のなさはすぐに解消されます。しかし、個人的に大きな目標を達成してしまった場合は、やる気が出るまで時間がかかるかもしれません。ダラダラとした日々が続くこともあるでしょう。

そんなときこそ焦ってはいけません。ダラダラとした日々は長くは続けられないからです。大きな目標を達成できる人は、大いに努力してきたことでしょう。そうした方は、次の目標ができないと焦ってしまいがちですが、焦ってもいい目標は生まれません。それよりも時間をかけて、ゆっくりと次の目標を見つけたほうがいいのです。

また、いくらやりきったとしても、上には上がいますから、自分より上はいないと思うのは自惚れです。どんな大記録もいずれは追い抜かれます。進化は止まらないのです。それは、人間にはあくなき欲望があるからです。

ということは、たとえ燃え尽き症候群の人でも、いずれは次の欲が生まれてくるということですから、焦ることなく時間をかけて次の目標を探せばいいのです。

稀《まれ》に、夢や目標を失った方や目標を達成してしまった方で、「何のために生きているのかわからなくなった」というような、哲学的思考にはまってしまう方がいます。

「何のために生まれ、何のために生きているのか」

私はこうした質問を受けたときは、次のように答えています。

「できるだけ罪を犯さず、楽しく美しく生きるために生まれてきたのですよ」

我々は独りで生きているのではなく、多くの人と関わり合って生きています。すべて一人で生活することは不可能でしょう。ですから、なるべく周囲の人に迷惑をかけぬよう、お互い様、という気持ちで、マナーを守って生きるべきでしょう。そうした気持ちを持てば美しい生き方ができるようになり、楽しさも増すと思います。

楽しく生きるといっても、快楽を楽しめと言っているのではありませんし、傍若無人に振舞えと言っているのでもありません。自分だけが特別だと思い我を通したり、自分勝手に振舞ったりすれば、それは美しくありませんね。そうした乱暴な生き方をしても、結局は楽しくないと思うのです。お釈迦様も、

「無知な愚か者たちは、自分を敵として振る舞い、悪しき行為をなしながら、渋みのある結果をもたらす」

と説いています。つまり、傍若無人な振る舞いは愚か者の行為であり、そうした者は、周囲から見れば自分を敵として振る舞っているのと同じなのです。

そうした者は、結局は嫌な思いをするのですが、世の中は、

「もろもろの好ましからず、また自身のためにならぬことどもは行いやすいものである。自身の利益になり、しかも好ましいことは、もっとも行い難い」

とお釈迦様も説いているように、やってはいけないことは妙に誘惑をしてくるものなのです。その誘惑に負けてしまうと、後悔の日々を送ることになってしまうのですね。

ですから、なるべく自分自身にとってよくないことを行わず、マナーを守って生きるべきな

のです。そうすることによって、美しい生き方ができるようになりますし、その結果、楽しく生きられるようにもなるのです。ですからお釈迦様も、

「善《よ》きことをした者は、この世において歓び、死後に歓び、この世と死後の両方で歓ぶ。みずからの清らかな行いをみて、かれは歓び、かれは大いに歓ぶ」

と説いているのです。楽しく生きること、それが仏教における生きる目標なのです。

お坊さんの一言

周囲の人に迷惑をかけないよう思いやることで
人生を楽しく美しく過ごすことができるようになるのです

06 恋愛がうまくいかなくて疲れてしまう

最近は、結婚をせず恋愛にも消極的な男女が増加する傾向にあります。しかし、そうした人たちは全く恋愛をしたくないのかというと、そうでもないようです。

恋愛はしたいというのが本音のようですが、理想の相手や恋愛対象になる相手が見つからないため、消極的になってしまうようです。そして、理想を追い求めるうちに自分にはいい相手はいないのではないか、結婚はできないのではないか、という不安にとらわれ、そんな自分が嫌になってしまうという場合もあります。気がつくとアラサーやアラフォーとなってしまっている、というパターンですね。

実際に、自分は結婚できないのだろうかと相談に来られる方（特に女性の方）は増えていきます。そうした方の話を聞いていますと、結婚できるのだろうかという不安を抱えつつも、それほど結婚に対して真剣さが見られない場合が多いように感じます。

ガツガツするのは恥ずかしい、というのもわかりますが、今は男性が積極的に女性を誘うという時代ではありませんから、待っていても結婚が転がり込んでくることはありません。それをわかっているはずなのに、こうした悩みを抱える方は婚活を積極的にしないのです。特に年齢が高くなると、その傾向は強いですね。

人と人の結びつきは、「縁《えん》」で決まります。すべては縁があるかないか、なのです。

結婚に関して縁のない方はほとんどいないでしょう。極々稀に結婚の縁がない方はいますが、圧倒的に少数派です。それでも独身の男性や女性が多いのは、縁を積極的に求めていないからであり、また折角縁ができてもそれを生かそうとしないからでしょう。恋愛がうまくいかない、結婚できないのではないか、という方は、一度「自分は縁を積極的に求めていたのだろうか、縁を逃がしてしまったのではないか」と振り返ってみて欲しいです。

学校や職場、趣味の場所、合コン、婚活パーティーなど、男女はどこでも出会えます。そういう男女が知り合う場所で、「いいな、この人はよさそうだな」と思ったら、まずは縁を結び、きっかけを作ることが重要です。縁を結ぼうとしなければ、いくらいいなと思ってもそのまま流れてしまうことが多いでしょう。とりあえず、話しかけてみてきっかけをつくることですね。

では、この最初のきっかけをつくるのが苦手、という方はどうすればいいのでしょうか？

そういう方は、人見知りの性格でどうも緊張してしまい、異性とうまく話すことができないのかもしれません。「あぁ、今回もうまく話せなかった」と、自分のダメさ加減に嫌気がさす方

もいます。そういう場合ははじめに、

「私は人見知りのところがあり、うまく話せないんです」

と宣言してしまって、素直に自分を見せることが大切です。男性でも女性でも、見栄《みえ》を張って何か話さなければと焦っても、会話はうまく進まないでしょう。はじめから話すのは苦手ですと言ってしまえば、あとが気楽になりますし、自然体で好印象を与えることができるかもしれません。逆に相手に対する印象を気にし過ぎていては、上手く会話することができないでしょう。

よく見せようと見栄を張り背伸びしても、自分は自分です。下手なメッキはすぐにはがれますし、はじめに頑張りすぎるとあとが続きません。はじめから一〇〇点を目指しては後が苦しいばかりです。スタート時点は三〇点くらいからの方が気が楽なのです。

とりあえず話すことができてきっかけをつくったならば、あとは一度会ってみることです。男性からでも女性からでも構いませんからいいなと思った人を誘ってみることです。これが「きっかけ」を生かすことです。

そして、誘ってみて会うことができれば縁を結んだことになりますから、あとはその縁をどう生かすか、ですね。もともと、いい縁ならば自然に発展していくでしょう。しかし、それは理想の形であって、このようなパターンは少数派ですから、多くの場合は縁を育てていかねばなりません。相手のことを気に入ったとしても、その縁を大切にしなければ先へは進まないのです。相手任せの待ちの状態では縁は育たないのですよ。

「はじめは気に入らなかったけど、何となく付き合っていくうちに良くなった」という方も多くいます。案外、運命的な出会いよりも「次第に良くなった」という方が多いのではないでしょうか。ドラマのような運命的出会いは、やはりドラマの中だけであって、そんなに頻繁にあるものではないのですから、そうした出会いにこだわっていては、いつまでたっても恋愛はできません。

たまに、「いつか素敵な男性が現れて私を迎えに来てくれる」と信じ込んでいる方がいますが、これは有り得ない話です。こうした方は、もっと現実をしっかり見つめ、それを受け入れるべきでしょう。

お坊さんの一言

待っているだけでは恋愛も結婚もできません
気になる相手がいたらまずは素直な自分を見せて縁を結びましょう

07 縁をどう育てるか

さて、縁が育っていくと最後は結婚に至ります。このプロセスが面倒だという方は、結婚が遠のいても仕方がありません。

しかし、何らかの原因で縁が切れてしまう場合もあります。お見合いパーティーなどで知り合い付き合い始めたものの、なかなか結婚に至らず、相手が変わっても付き合いだけで終わってしまうという方もいます。そうしたことが何度も重なると、自分は結婚できない運命にあるのではないかという思いにとらわれてしまいます。

同じように、何度も就職試験に落ちてしまうと、自分は就職できない運命にあるのではないかと思い込んでしまい、自信を無くし、落ち込んでしまうことがあります。

ですが、そのように「自分は悲惨な運命を歩んでいる」と考えるのは間違っています。恋愛や就職が上手くいかないのは何か別に原因があるからで、決して運命ではないのです。

恋愛や結婚がうまくいかない場合は、お互いの意思疎通がうまくできていないのが原因として第一に考えられるでしょう。女性と男性は、考え方が根本的に異なっているものです。たとえば、女性は「言われなくてもそれくらい気づいてほしい」と言いますが、男性は「言われなければわからない」と言います。ほんのちょっとしたことで、男性と女性は考え方も対処方法も異なるのです。

自分の考えを理解してもらうために必要なのは言葉ですし、相手の気持ちを理解するためにも言葉が必要です。言葉を惜しめば意思は通じませんし、お互いをよく理解することは難しいでしょう。お互いが理解できなければ、その関係がうまくいかなくなるのは当然です。

自分の気持ちを伝えることが苦手でも、多くを語る必要はありません。必要なことを、優しい言い方で伝えればいいのです。

仏教の言葉に「愛語《あいご》」という言葉があります。「和顔愛語《わがんあいご》」とも言います。優しい言葉遣いは相手を癒すこともできますし、丁寧に教えれば相手を導くこともできます。言葉は使い方によって真綿のようにあたたかいものにもなるし、鋭い刃物にもなるのです。

一方で、言葉は最も罪を犯しやすいとも仏教では説きます。ときに嘘をつき、悪口を言い、汚い言葉やキツイ言葉遣いをし、噂話に興じてしまう。それが言葉による罪です。たとえ友人であっても、恋人であっても、夫婦であっても、キツイ言葉遣いや怒った顔をしていれば、お互いに感情的になり、関係が悪化してしまいます。それは付き合いが長くても短くても関係ありません。
恋愛がうまくいかない、結婚に至らない、という方は、自分の言葉遣いに気をつけてみてはどうでしょうか。しっかり素直に自分の思いを伝えているだろうか？　相手の言葉をちゃんと聞いているだろうか？　よくお互いに話をしているだろうか？　言葉遣いはどうだろうか？　相手を傷つけてはいないだろうか？　そうしたことを振り返ってみてください。案外、思い当たることが出てくるのではないでしょうか。

お坊さんの一言

恋愛が上手くいかないのは運命ではありません
互いに言葉を尽くして相手の気持ちを理解するようつとめましょう

08 人間関係は縁から始まる

先ほど男女の縁について紹介しましたが、すべての人間関係の善し悪しを仏教では縁で解き明かします。「縁がいい」「縁が悪い」という考え方ですね。なぜその家に生まれたのか？ それはその家に縁があるからです。縁があったからその家に生まれたのだし、縁がなければその家には生まれてきませんから、文句を言っても仕方がないのです。

では、なぜ縁があってその家に生まれてきたのに親子関係が悪いのか。それは「仲が悪い」という縁を持ってその家に生まれてきたからです。

親子といえども他人ですから、「相性が悪い縁」もあるのです。たまたま親子であっても相性の悪い縁で生まれてきてしまった、というだけのことです。

兄弟姉妹も同じです。「仲がいい縁」「仲が悪い縁」「気にしない縁」「冷たい縁」「ほどほどの縁」など、いろいろなパターンの縁で人は生まれてきているのです。ですので、兄弟姉妹の間でも仲がいい、仲が悪い、無関心といった差が生まれてくるのです。

「そういう縁なのだから、仕方がない」

こう思えば納得ができます。そういう縁で生まれてきてしまったのだから、相性が悪くても仕方がないな、と自分に言い聞かせることができますし、納得してあきらめられる、つまり、仏教的あきらめができるのです。

仏教では縁は血よりも濃いと説きます。

たとえば、出家し僧侶となるときは、その儀式において両親と縁を切ります。両親と縁を切り、仏様・教え・自分の師僧の三宝《さんぽう》（仏・法・僧の三つの宝）と縁を結びます。親や家族との縁よりも、仏縁の方が大切なのです。

また、お子さんがいない家庭が養子をもらうことがあります。養子にやって来るお子さんはその家のお子さんではありませんが縁があったからこそ、その家にやってきたのです。縁がなければその家には来ないのですから、養子のお子さんはその子が生まれた家よりも養子先の家の方が縁が濃いのです。

こうした縁の考え方をすれば、家族であっても兄弟姉妹であっても、仲がいい、悪いという差が出ても当然であると理解できるでしょう。たとえば、家族とは仲が悪かったけど、嫁ぎ先ではすごく仲がいい、という場合があります。こうしたケースは、その人は実家よりも嫁ぎ先の方が「縁が濃い」のです。

最近では、息子さんが結婚しても実の親と一緒に暮らすことが少なくなり、お嫁さんの親と一緒かその近くに住むというマスオさんのようなケースが増えてきています。そうした場合は、その息子さんは実の親よりもお嫁さんの親の方が縁が濃いのです。

「一人《ひとり》息子なのに、養子に行ったわけでもないのに嫁の親とばかり仲良くしている」と嘆く親御さんがいますが、それも仕方がないのです。お嫁さんの家との縁の方が濃いのですから。

縁はさまざまです。親の面倒を見なければいけないと言われて育ってきた人でも、遠くへ転勤してしまい親とかけ離れてしまう場合もあります。

逆に親を嫌って早くに家を出た人でも、結局は親のそばに戻ってきて親の面倒を見なければいけないという場合もあります。そうなる縁なのですから、これは仕方がないことなのです。家族との人間関係が自分の思い通りにならない場合でも、縁だと思って納得してあきらめるべきです。

たとえば、裕福な家に生まれる場合もあれば、貧しい家に生まれる場合もあります。また、悲しいことですが、生まれてすぐに施設に預けられるお子さんもいます。こうした生まれの違いや格差も、「そういう縁」を持って生まれてきてしまったからなのです。これればかりは誰が悪い、ということではありません。

こうした場合、「運命だから」という人もいますが、運命と縁は違います。裕福な家に生まれたのはその親と生まれたお子さんが縁があったからで、貧しい家に生まれた場合は、その家の親とそのお子さんに縁があったからです。施設へ預けられてしまったという場合は、実の親との縁よりもその施設にいる人との縁の方が濃かったのです。

縁は濃いほう、強いほうへ、自然と導かれていくものですから、生まれたのちに出会う人たちも縁の濃いほう、強いほうへと自然に導かれます。

反対に、縁が薄ければ出会っても自然に別れていき、さらに縁の濃いほうへと自然に進んでいくのです。

この縁があるない、という考え方を身につけると、人間関係はもちろん、その他のことでも案外気が楽になることが多いのです。

たとえば、欲しいものが手に入らない、思うように出世できない、自分の就きたいポジションに就けない、好きな相手とうまくいかないなど、自分の思うようにいかないことはたくさんあります。そうした場合、自分はダメな人間だとか、運が悪いのだとか、嘆く人がいますが、嘆く前に「縁がないのだ」と思えば、案外気持ちが楽になります。

恋愛でも、うまくいったのならそれは縁があったのです。うまくいかなかったら、それは縁がなかったのですよ。人間関係で揉めたならば、「悪い縁だったのだ」と思えばいいことです。

縁があれば手に入る、縁がなければ手に入らない。縁があれば関係ができる、縁がなければ関係は生まれない。いい縁ならば楽しく過ごせる、悪い縁なら辛いことが多い……。
　このように考えれば、人と人のつながりも、また違った景色で見ることができるのではないでしょうか。

お坊さんの一言

人間関係は縁で決まります
縁のあるなしで物事を考えると気持ちが楽になります

09 自分のことが嫌いな人は他人の話に耳を貸さない

「自分のことが大嫌いで、いつも落ち込んでしまうんです」

という方がいます。こういう方は、コンプレックスを抱いている人とは少し違っていて、自分自身の何もかもが嫌いで、生きていること自体が辛いという方です。このような場合、下手をすると鬱病を発症し、自分や家族、上司や部下、果ては街ですれ違う人など、すべての人間が嫌になってしまいます。

こうした方が相談に来られた場合、まず私は、

「そうは言うけど、自分のことが大好き、という人もちょっと気持ち悪くないですか」

と言います。そして、

「誰でも、自分の嫌いな部分はある程度はありますよ。あなたは、それが多いだけでしょう」

と話します。もちろん、これで相談に来た方が納得することはありませんが……。

自分のことが嫌いになる方は、自分のダメな部分ばかりを見ているのです。人間関係や、仕

事、勉強など、自分ができなかったこと、失敗したこと、ダメにしてしまったことばかりを見て落ち込み、自分の「いいところ」を見ようとしないのです。

しかも、こういう方は案外頑固者ですから、「いいところだってあるじゃないか」「こうすればどうですか？」「こういう考え方をすればいいのでは？」といろいろアドバイスをしても、

「そんなことはできません」

「そんなことをしてもつまらないです。楽しくないんです」

などと、すべてを否定してかかるのです。

ですから最終的に私は、

「それだけ否定ばかりしていては、周囲の人が相手にしなくなるのも当然ですよ」

と告げることになるのです。周囲の人たちがどんな言葉で慰めてくれても、いろいろなアドバスをしてくれても、あるいは遊びに誘ってくれても、それらをすべて否定してしまっては自分も他人も嫌いになってしまうのは当然でしょう。

「注意をしてくれる人は、宝物のありかを教えてくれる人である」

お釈迦様が説いた言葉です。注意をしてくれる人、アドバイスをくれる人は、その人に何が大切なことなのかを教えてくれているのです。そういう意味では、注意されてムカつくかもしれませんが、助言者はいい人なのです。

そもそも、注意されてムカつく、腹が立つ、嫌になるというのはおかしいことで、できないから注意をされたのですし、注意をされなければ覚えることはできません。本来ならば、「ご指導ありがとうございました」と答えるべきところでしょう。注意された本人もそのことはなんとなくわかっているはずです。

問題は注意の仕方、言い方です。

「自分が悪かったのはわかっているよ。だけどあんな言い方はないよな」

ということになるのです。

落ち込んでしまう方も同じで、きつく言われたことで自分を全否定されたような気分になってしまい、自分はダメ人間だというレッテルを貼られたと思ってしまうのです。それは感情の問題ですね。

しかし、注意する人も本当にダメな人間には注意をしません。期待をしているから注意をするのです。逆にいくら注意しても成長が見られなければ、注意はしなくなります。見限られるのですね。そうなったほうが、実は恐ろしいのですよ。注意をされているうちが花なのです。はじめに書いたように「自分が大好き」という人は、周囲から見ればあまり気持ちのいいものではありませんし、むしろ気持ちが悪いと思われるでしょう。

そうした人はなかなか成長が見られません。たとえば、注意されても「注意を受けている自分が好き」などと思ってしまい、そのうちに「できなくてもやりこなしている自分はカッコいい」なんてことになりかねません。そんな人はそこにいるだけで迷惑な話です。

お釈迦様は、

「誰でも自分が愚かであると考える愚か者は、その限りでは賢い者である。しかるに自分が賢い者であると考える愚か者は、まさしく愚か者だといわれる」

と説いています。

つまり、どんな人でも自分はダメな人間だと思えるのなら、そう思えるだけ賢い人なのだ、ということですね。

逆に、自分は賢いなどと思っているダメな人は、実際は「本当のダメな人」なのです。本当にダメな人間は「自分は悪くない。自分はダメな人間じゃない」と言い張ったり「俺（私）って賢いだろ」と自惚れていたりする者なのです。

また、間違っているところを指摘されてもそれを受け入れず、修正しようとしない頑固者こそが、本当のダメな人間なのです。「自分はダメな人間だ」と落ち込む人は、それに気がついただけ、ダメではないのです。問題はそのあとなのです。

「自分はダメな人間だ」と気がついたのなら、次はそれを直そうと努力することが重要です。何もしなければ本当のダメな人間になってしまいますから。

そのためには、本書で繰り返し述べてきたとおり、自分の何がいけないのか、それをよく考えることです。自分で考えてわからなければ、周囲から受けた注意や指摘はどんなことだっただろうか、と思い出してみましょう。周囲の人が上手いことあなたを変えてくれるなんてことはありえませんから、自分から変わろうとしなければ、ダメ人間からは抜け出すことはできません。

どんな人でも変わるのは苦労しますから、焦る必要はありません。私も神経質でイライラしやすい性格を変えるのに苦労しました。しかし、少しずつ時間をかけて周囲から注意されたことや指摘されたことを直していけばいいのですから、「自分はダメな人間だ」などと落ち込むことはないのです。

自分のことが大嫌いだ、という方は、実は頑張り屋さんが多いのです。ついつい頑張ってやり過ぎてしまい、失敗して「こんなはずではなかった」と落ち込んでしまう人が多いのです。失敗しちゃいけない、褒められたい、感謝されたいという気持ちでいっぱいですので、ちょっとした失敗でもすごく落ち込んでしまうし、失敗が続くと「自分は何もできない。こんな自分が嫌いだ」となってしまうのです。

こうした頑張り屋さんは、目標を高く掲げ過ぎて失敗し、自分が大嫌いになって落ち込んでしまうことが多いのです。しかも、みんなからすごいねと言われたいと心の奥底で思っているため、早く一人前になろうと焦ってしまうのです。

周囲の人や上司などに褒められたいと思うことは、悪いことではありません。そういう気持ちは向上心につながりますからいいことだと思います。それがあるからこそ、人は仕事を覚え、技術を身に付け、成長をしていくのですから。

しかし、途中の過程をすっ飛ばしてはいけません。上に至るには、努力を積み重ねる必要があるのです。その過程では怒られることもあるし、失敗して落ち込むこともあるでしょう。そんなことは誰にでもあることです。誰にでもあることを自分だけと考えてしまうのは大きな誤りですね。誰でも失敗を重ねて成長していくのです。

「そうはいっても、仕事もバリバリこなして、素敵な男性と結婚して子どももいて、大きな家に住んで、幸せにしている人もいるじゃないですか」

と反発をする方もいます。ですが、そういう人はそういう縁を持った人なのです。その縁があるうえに、きっと努力もしたのでしょう。自分の縁を生かして努力したからこそ、成長することができたのです。

何をやってもダメだという人でも何らかの縁はあります。ですから、自分はダメだと腐っていないで、「自分にとっていい縁とはなんだろうか」と考えてみることも大切でしょう。縁のある職業は何か、縁のある人はどこにいるか。案外、目の前にあることが多いのですが、灯台下暗しで本人にはなかなか見えないのですね。だからこそ、周囲からのアドバイスには耳を傾けなければいけないのです。

お坊さんの一言

自分がダメな人間だと気づいたら
落ち込んでばかりいないで自分の何がいけないのかを考えてみましょう

第4章

複雑な社会に疲れてしまう人が楽になる方法

現代社会は大変複雑になっていると言われています。ネットやスマホのために人間関係はますます難しいものになり、一時期のゆとり教育のために社会になじめない若者が増えている世の中です。

また、会社や集合体の組織も、さまざまなハラスメントに対応しなければならないため、一人ひとりの組織内での気遣いは増大していますし、格差社会に疲弊している人たちも多くいます。そのような多様化する社会に気疲れしてしまう人たちは、どうすれば気楽に生活が送れるようになるのでしょうか？

「三人寄れば派閥ができる」と、よく言われます。一つの集団にいくつかのグループができるとこれを統率しようとするグループも登場し、それが整理されると組織へと発展していきます。人が集まれば、組織は自然発生的に出来上がっていくものなのです。

たとえば、お釈迦様がいらしたころの仏教教団もそうです。仏教教団ははじめ、教団と呼べるようなものではありませんでした。お釈迦様のはじめの弟子は、お釈迦様と一緒に苦行をしていた五人の修行仲間で、そこから次第にお釈迦様の元へ出家させてほしいという者が集まり、大きな教団へと発展していったのです。

そうなると、てんでバラバラに修行をしていては非効率ですし、中には折角出家したというのにサボる者も出てきましたから、規律やグループ分けがどうしても必要となってきます。また、お釈迦様一人で多くの者を指導するにも限界があります。

そこで、お釈迦様を頂点として悟りを得た弟子を長老とし、悟りを得ていない出家者の指導を長老に任せたのです。ピラミッド形式の組織ですから、現代の会社の組織と基本的には同じですね。

長老たちはすでに悟りを得ていますから、この組織に対し何の不満もありませんし、不服もありません。ですが、悟りを得ていない者は何らかの不服を抱くものです。

たとえば、自分だけ十分な指導をされていないとか、仲間外れになっているとか、ひいきされている者がいるとか。中には、長老が指導不足だとか、規律がぬるすぎるからもっと厳しくすべきだ、といった不満も出てきます。その最たる例が、有名なダイバダッタの反乱です。

ダイバダッタは規律をもっと厳しくし、さらには、お釈迦様を隠居させ、その座を自分に譲るようにと迫ったのです。一種のクーデターですね。当然ながら、ダイバダッタの要求はすべて拒否されました。

怒ったダイバダッタは、出家して間もない修行僧を十数名引き連れ、その修行僧を自分の弟子とし、自分の教団を作ります。しかし、その弟子たちもお釈迦様の教団に戻ってしまいましたから、ダイバダッタは更に怒り狂い、お釈迦様の命を狙うようになったのです。最後は自分の爪に毒を塗ってお釈迦様に襲い掛かろうとしたのですが、転倒し自分を毒の爪でひっかくこととなってしまったのです。こうして、ダイバダッタのクーデターは失敗に終わりました。

お釈迦様の仏教教団でさえ、このような反乱がおきるのです。悟りを目指して出家し修行をしているはずの教団なのに、欲に駆られ間違った方向へと進んでしまう者が出てくるのですから、それが一般人の組織ならば、反乱や不平不満、派閥の争いなどが起きても当然と言えば当然でしょう。つまり、人が集まって組織を形成したならば、そこには権力闘争や何らかの争いが生じてしまうものなのです。まずはこのことを認識しておいてください。

このような争いが生まれるのは、人間の欲が深くかかわっています。

「たとえ黄金の雨を降らしても、人間の欲望は尽きることはない」

これはお釈迦様の言葉です。人はどんな状況にあろうとも、欲が尽きることはありません。たとえば、組織の中で優遇されていたとしても、人はさらに上を望みますし、もし冷遇されていたとしたら、人はそこからの脱却を願います。

それは、「現状で満足をしない」という欲があるからです。この欲があるからこそ組織の中で競争や争い、足の引っ張り合いなどが生まれるのです。これも忘れないで頭に入れておいてください。

社会や組織に疲れてしまう人は、何らかの形で競争や争い事に巻き込まれてしまった場合が多いのではないでしょうか。それは、自ら好んで巻き込まれたのか、とばっちりで巻き込まれてしまったのか、無理やり引っ張り込まれて巻き込まれてしまったのかわかりませんが、いずれにせよ、心身ともに疲れることに変わりはありません。

この章では、そうした場合にどうすればいいのかを具体的に考えていきましょう。

01 ポストに固執しすぎると疲れがたまる

組織において、ポスト争いはどこにでもあることです。これは一般社会はもちろんのことですが、僧侶の世界にも見られることで、有名宗派の座主や管長、宗務総長などとなるとポスト争いはし烈になってきます。

ポストを巡る争いの結果、望んだポストに就任できたならばそれはめでたいことで、たまった疲れを忘れさせてくれるでしょう。しかし、次はその立場を維持していかねばならないという懸念、欲が生まれてきます。また、さらに上のポストが欲しい、という欲望も出てくることでしょう。そのためには失敗は許されない、という緊張感で仕事をしていかねばなりませんし、ライバルの動向にも目を光らせねばなりません。

そんな状況が続いてしまうと、自分の周りは皆敵かもしれない、裏切り者がいるかもしれない、信頼できる者はいないかもしれない、などという疑心暗鬼にとらわれ疲労がたまってしまうものです。

お釈迦様は、国王などから「自分の座を狙われている、どうすればいいか」「国王であることに疲れてしまう」といった相談を受けると、即座にその座を譲りなさいと説きます。当然ですね。自分の立場にしがみついているから疲れるのです。その座や立場をやめてしまえば疲れはなくなりますから、簡単なことです。

ですが、人には欲がありますから、なかなか自分が勝ち得た場所を譲ろうとはしません。こんな話を聞いたことがあります。

とある御寺院の住職さん、その方は荒れ寺を自分の代で大きな寺にしました。とても立派な御住職で、息子さんもいるため跡継ぎにも困りません。

問題は、その御住職が九〇歳になっても住職の座を息子さんに譲ろうとしないことにありました。息子さんはもう六〇歳になっていますし、そのお子さん（住職さんから見ればお孫さん）も三〇代です。さらに、そのお子さんもいます。一般的に考えれば、住職のポストは息子さんかお孫さんに譲っていてもいい年齢ですね。

それでも、九〇歳を過ぎてもあと十年は元気で過ごせるのではないかと言われるくらい元気な方ですから、まだまだ現役のつもりなのか、なかなか自分の地位を捨てようとしません。檀家さんたちからは、「そろそろ住職の座を息子さんに渡してはどうか」と言われることもあったのですが、「絶対譲らん」と言ってかたくなに拒否したのです。六〇代の息子さんはいつまでたっても副住職という立場で肩身の狭い思いをしていましたので、御住職は家族や檀家さんから、「立派なお坊さんのくせに、なんと強欲な」と陰口を言われるようになってしまったそうです。

欲にとらわれてはいけない僧侶であっても、重要なポジションを譲ることはなかなかできないものなのです。知らないうちに欲に負けてしまうのですね。欲とは、それほど断ちがたいものであり、知らず知らずのうちに人の心を支配してしまうものなのです。

このように、重要なポスト争いや派閥争いに勝ったとしても、それにしがみついたり、固執したりすれば、人は疲れてしまうものなのです。そのようなときはお釈迦様が言うように、潔く身を引く、もしくはそのポストを後進に譲るべきです。惜しまれつつ身を引くほうが尊敬を得られますしね。

また、し烈なポスト争いに負けてしまったときは疲れが残るのも当然でしょう。しかし、その争いに自ら進んで突入したならば、争いに敗れて疲れてしまってもそれは仕方がないことですよね。そのポストを望んだのは他でもない自分自身ですし、争いが起きたときから負けるかもしれないことはわかっていたのですから自業自得です。

負けた原因が自分のミスであろうが、他人にあろうが、それは関係ありません。自らその争いに参加した以上、負けたときは他人のせいにしないで潔く負けを認め、心機一転、一から出直すことです。

さらに、自分はそのポストに縁がなかったのだ、と納得することも大事です。何もそのポストにこだわることはないのです。すべては自分の欲望から起きたことなのだ、と納得して潔く身を引き次に向かえば、意外と清々しい気分になるものです。

お坊さんの一言

ポストに固執すると疲れてしまい周りからの信頼も失ってしまいます
縁がなかったとこだわりを捨てることで気持ちも清々しくなるでしょう

02 他人を恨む前に自分の欲を恨む

自ら進んで争い事に突入したのであれば、その結果が思わしくなくても、あきらめがつきやすいものです。しかし、はからずも争い事に巻き込まれてしまった場合は、簡単にはあきらめもつかないでしょうし、気疲れも倍加してしまいます。

自分の上司、あるいは自分が支持する人が、重要なポストを巡って争うことになった場合、知らぬ顔をするわけにはいきません。実際に、このような人が相談に来られたことがあります。

その方は、「自分を裏切った上司に復讐したい、この苦しい思いをぶつけたいのですが」という相談で私のところに来られました。

詳しく事情を聞いたところ、あるポスト争いの選挙に自分の上司が立候補したため、彼はその上司が当選できるように挨拶回りや票集めなど、選挙活動を率先して行ったのです。選挙の結果、自分の上司は当選しました。当然のことながら、選挙協力を惜しむことなく手伝った自分にもいいポストが回ってくると彼は思いこんでいました。しかし、上司は若手中心の人事を発表し、彼には望んでいたポストは回さないで、それまで就いていたポストとほぼ変わらない職を与えられたのだそうです。

「何とか復讐がしたいのです。私は上司のためにものすごく頑張ってきました。それなのにこの仕打ちです。恨みを晴らしたいのです」

と彼は言います。私は「恨みを晴らしてどうなるのですか？」と尋ねました。彼は、その上司がのうのうとしているのが気にいらない、誰のおかげで選挙に勝てたと思っているのか、それがわかっていないから不幸になればいい、と力説します。

「どのような不幸がいいんですか」

と私はあえて尋ねました。

すると、「なんでもいい、仕事ができなくなればいい」と言います。しかし、そうなればその上司が就いているポストを巡って、また選挙になるでしょう。となると、新しい上司が来てその人の立場はますます悪くなります。そう話しますと、新しい立候補者に協力すればいいと勝手なことを言うのです。

私は、そんなに自分の都合のいいように事は運ばないと話して冷静になることを促しましたが、しばらくすると、

「じゃあ、私のこの気持はどうすればいいんですか？」

と大きな声で言います。私はつとめて静かに答えました。

「その人を恨んでみても何もなりませんよ。しかも、それは逆恨みですよ。その上司を信じてついていったのはあなたですよね。あなたが、その上司を選択したのでしょう。ならば、誰のせいでもない、あなた自身の責任ではないですか」

その上司を選んだのは相談者自身ですし、選挙活動を率先して行ったのも彼の意志です。上司の命令ではありません。

ではなぜ彼は率先して選挙活動を行ったのか？　それは、自分にもいいポストが与えてもらえる、と期待したからです。下心があったからですね。これも欲です。私はあえて次のように冷たく言いました。

「その欲の心を見抜かれていたのではないですか」

選挙で争うようなポストに就く上司です。人を見る目くらいはあるでしょう。あまりにも下心が見え見えで、上司が敬遠したとも考えられます。

「自己責任なのですよ。誰のせいでもありません。ましてや、その上司のせいではありません。あなたの欲が、今の結果を招いているのです。まずはそれを理解してください」

そう言ってから、私は質問をしました。

「もし、その上司が選挙に負けていたら、あなたはどうなっていますか」

と。すると、彼は「あっ」と言ったきり、再び考え込みました。そして、

「今のポストはおろか、閑職に回されていると思います」

とモソモソと答えました。

「恨むなんてとんでもないですよね。あなたは考え違いをしていたのです。欲に目がくらんで正しい判断ができていなかったのですよ」

私がそう言いますと、不服そうではありませんでしたが、「わかりました。確かに私は間違っておりました」と反省していました。

はじめは好き好んで争いごとに入ったのではなく、ただ巻き込まれただけなのかもしれません。しかし、よくよく考えてみますと、巻き込まれたと言いつつ実際には下心があったり、妙な期待があったりしたと思います。そうでなければ、頑張って手伝うことなどそうそうできないでしょう。自分の心の奥底をのぞいてみれば欲の心がたっぷりとある、というのが現実ですが、人はその下心を見られるのが嫌でしょうし、それがあることを認めたくないものです。

「人の行動は、とっさの場合を除いて、欲に基づいているものである」

これもお釈迦様の教えです。人は欲に従って行動する生き物である、とお釈迦様は説きます。理論的、理性的に考えて行動したつもりでも、どこかに欲が入っているものなのです。

それが理解できれば、たとえ争いごとに巻き込まれて疲れてしまっても、他人のせいにはで

きません。すべて自己責任なのですから、人を恨むより自分の欲を恨むことが大事なのです。人を恨んでも何の解決にもなりませんが、自分の欲を恨めば、次回からは注意できますし、欲を慎むことができます。欲を慎めば、欲に振り回されることなく冷静な判断ができますし、組織の中での争いごとに巻き込まれることも少なくなるでしょう。つまり、自分の欲が原因なのではないか、と考えるのも大切なことなのです。

お坊さんの一言

他人を恨まずに自分の欲を慎めば冷静な判断ができるようになります
そうすれば余計な争いごとに巻き込まれなくなるのです

03 女性というだけで冷遇される

最近は、男女平等ということで女性の社会進出も多くなってきました。女性管理職もこれからは増えてくることでしょう。

一方で、まだまだ女性というだけでバカにされたり差別されたりする職場もあります。都会の大企業はいざ知らず、地方の中小企業や小さな会社などでは、まだまだ女性進出は難しいものがあるようです。

しかし、男女平等となったのはつい最近のことですから、これは仕方がないことでもあるのです。「男性は外で働き女性は家を守る」という長い歴史の中で日本人は生きてきましたから、そう簡単に男女平等という意識に切り替えることは難しいでしょう。最近の若い男性は男女平等という認識を持つことはできるでしょうが、戦前教育を受けている人たちや本当の意味での男女平等の教育を受けてきていない世代の男性は、男女平等の社会で生活をしてこなかったでしょうから、なかなか頭の切り替えが難しいのです。男女不平等の長い歴史は、大きく影響を残しているのです。

たとえば、仏教でも男尊女卑的扱いがある、と言われてきた時代がありました。お釈迦様は、そもそも女性の出家には反対していたという経緯もあります。もちろん、そこには理由があります。

当時、出家者は森や林での野宿の生活をすることも多く、女性は男性に襲われるという危険性があります。また、男性修行者の中には女性に弱い者もいて、修行がはかどらないばかりか、何かとちょっかいを出してしまう修行者もいます。実際に、尼僧に下着を要求したり、尼僧の集団を覗きに行ったりした修行者もいました。

また、女性特有の言動もあります。たとえば、かたまっておしゃべりに興じる、嫉妬深いなどですね。こうしたことを踏まえ、お釈迦様は当初、女性の出家を認めていませんでしたが、弟子のアーナンダが女性の出家を認めてほしいと次のようにお釈迦様に迫ったのです。

「女性は、男性より劣っているのですか？　女性は悟れないのですか？」

アーナンダがお釈迦様に問いかけます。お釈迦様は、

「否、女性が男性より劣るということはない。男女は平等である。しかるに、女性でも悟ることはできる」

と答えます。それならば女性の出家を認めないのはおかしいとアーナンダがお釈迦様に迫っ

たため、お釈迦様は仕方なく厳しい条件をつけて女性の出家を認めるに至るのです。お釈迦様はその際「千年続くはずだった正しい教えが、五〇〇年になってしまった」と嘆かれたと伝えられています。

実際、尼僧は男性の僧侶よりも戒律が約一〇〇項目多い（男性の僧侶二五〇戒、尼僧三五〇戒）ですし、尼僧が強姦されるという事件も起きています。また、男性の僧侶が尼僧を誘惑するとか、洗濯などの下働きをさせようとしたとか、さまざまな男女にまつわる事件を生んでいます。男女平等ではあるけれども、出家者の集団に異性が混じるということは、それだけ問題も増えるということをお釈迦様は懸念していたのです。

これは、決してお釈迦様が「女性は男性より劣る」と言ったわけではありません。むしろ、性の欲求をコントロールできない愚かな男性修行者がいるのだ、と認めたのです。

しかし、お釈迦様の正しい教えが続かなくなったという言葉だけが誤解を生むことになり、仏教は男尊女卑だ、と言われてしまうようになったのです。

そこから、「女性は男性に生まれ変わってからでないと悟れない」とか、「女性は三界《さんがい》に家なし、などと蔑まれた」という差別を生みましたが、これは全くの誤解で、仏教はあくまでも男女平等です。解釈をする側に問題があるのですが、永きに亘《わた》って社会そのものが男尊女卑だったことが大きく影響しています。

修行場の女人禁制も、本来は女性への性的誘惑に負けるといけないから、修行に集中できないといけないから、という理由で女性の立ち入りが禁じられているのですが、いつの間にか「修行道場が女性で汚れるから」などという、女性が悪いかのような理由が付け加えられてしまうのです。しかし、これは男性優位の社会が作り上げた誤解なのです。

社会全体に男尊女卑、女性は男性に従うもの、という習慣があったのですから、いきなり男女平等ですと言われても頭の固いオヤジ連中は、「はい、そうですか」と態度を切り替えることは難しいのです。ですから「女のくせに」とか「女なんぞ、家で子どもを育ててればいいんだ」などという、セクハラ発言につながるのですね。

頭の固い男たちのセクハラやパワハラを認めていいわけではありませんし、是正されるべきだと思います。ですが、実際には年齢が高い男性ほど男女平等に慣れていないのですから、男女平等だからと言っても、それに期待し過ぎると当てが外れて疲れてしまいます。

会社内で女性がなかなか出世できない、冷遇される、能力があるのにいつも下働きだ、どうしたらいいのか、という相談を受けることが最近は増えてきています。そういう方には、今まで述べたことをまず話し、期待してはいけないと説きます。

しかし、その相談に来られる女性が本当に社会進出や出世を望むのでしたら、「負けてはいけません。実績を積んで、事実を見せつけることです。実力を見せつけることです」と説き、それは困難な道であることも認識してもらいます。心の中で「頭の固いクソオヤジめ！」とか「男どもめ！」と毒づいてもいいでしょう。愚痴をこぼしても構わないと思います。

それでも女性が上に行くことの困難さに疲れてしまったら、「あきらめることも大切だ」と説きます。やるだけのことをやって、納得がいくのでしたら、「これ以上、頑張る価値はない」と見切りをつけて、戦うことをやめてもいいのです。

「自分は時代を先取りしすぎたのだ。愚かな男どもは、それについてこられなかったのだ。自分は戦いから離脱するけど、先駆者の役割は果たしたのだ」

と、納得することです。それは決して男性に負けたわけでもないし、社会の仕組みに負けたわけでもありません。まだ時期が早かった、というだけのことで、決して自分が弱いせいではないのです。

この世の中、どんなことでも機が熟さねば成立はしません。お釈迦様も、

「機が熟さねばいくら善行を重ねてもその善行の報いは来ることはないし、いくら悪行を重ねても機が熟さねばその報いはくることはない」

と説いています。ですから、もし女性だからといって会社内で冷遇されてしまい、それに対して戦うことに疲れてしまっても、それはあなたの責任ではないのです。

ただし、セクハラを受けた場合は、ためらっていないで早急に訴えることを勧めます。そう

しないと、会社内での男尊女卑的意識は改善されません。セクハラをする男性は、多くの場合軽い気持ちでしてしまうのでしょう。しかし、それは、その人が男女平等の意識が低く、いつまでも古い因習の中にいるからです。

そんな男には新しい社会に対応できない、愚かな男なのだ、と認識させることが大切ですから、セクハラを受けた場合はあきらめてしまわないで、断固として戦うべきでしょう。

お坊さんの一言

男女平等の社会はまだ始まったばかりです
その社会に対応できない男性に期待しても仕方がないのです

04 男尊女卑的な田舎社会に疲れてしまう

こうした男尊女卑的な意識は、特に田舎の高齢者には根強く残っています。田舎では、結婚をすると「早く子どもを産め」と言われ、子どもを産まずに働きに出ていると「女は働かなくていい、家のことをしっかりやれ」と言われます。

また、近所の人たちからも「子どもはまだなのか」と事あるごとに聞かれますし、親類が集まるとやはり子どもの催促が始まります。結婚をしなければ近所の噂話の対象になり、生活がしにくくなることもありますから、そうした村社会の古い因習の仕組みに疲れてしまう若いご夫婦もいるのです。

「顔を見る度に、結婚をする気はないのか。彼氏はいないのか、と言われて本当に嫌になります」と訴える女性は増えていますね。彼女たちは今は結婚よりも仕事が面白いと言いますし、結婚が女性の幸せだと思いこんでいる大人に嫌気がさす、とも言います。私は、「古い大人は、新しいスタイルを受け入れられないのですよ。生きてきた時代が違いますから」

と説きます。そういう親の愚痴は聞き流したほうがいいし、真に受けてはいけないのです。素知らぬ顔をして自分を貫くほうが賢いのです。

こうした結婚問題については、親側からも相談を受けます。「娘が結婚したがらない」「結婚をしたはいいが、仕事を辞めずに子作りをしない」「近所に恥ずかしい」など、三〇代以上の娘さんを持つ親ならば、多かれ少なかれ思うことかもしれません。

しかし、このような親御さんたちは、仕事に生きがいを見つけ、結婚なんてどうでもいいという意識を持つ女性がいることが受け入れられないのです。

お釈迦様は、

「自分の人生は自分のものである。自分で決めて進めばよい。他人にとやかく言われて決めるべきものではない」

と説いています。また、

「子どもは親のものではない。子どもの人生を親がうるさく指図し、親の思うようにしようとするのは間違っている」

とも説いています。

ですから、うるさい親や親族に困っている女性は、「自分の人生はこのように生きるのだ、親に決められることではない」と主張してください。その主張を後悔してはいけません。

逆に、娘が結婚したがらないと愚痴を言う親には、私はいつもこのように説きます。

「子どもと言えども他人です。自分のことですら思うようにならないのに、他人である娘や息子が思うようになるわけがないでしょう。ましてや、あなたたちが育った時代と違って、今は女性も男性と同様、働きに出ていく時代なのです。結婚するか働くか、選択の自由が今の女性にはあるのです。それを認識してください」と。

中には子どもが欲しくてもできない夫婦にデリカシーのないことを平気で言う親もいます。「もっと健康な嫁をもらえばよかったのに」とか「もっと若い嫁をもらえばよかったのに」などと言われ泣いて相談に来た方もいます。

そうした場合、

「そのような人間は、愚かなものなのだ、と哀れんであげなさい」

と説きます。いい年をして平気で人を傷つけるようなことを言える者は、「なんと愚かな人たちなのだろうか」と哀れな目で見てあげるのもいいのです。そうしたひどい言葉を吐く人を、正面から相手にする必要はないのです。

哀れみの目をむけるのは間違ったことではありません。それは菩薩が人を救うときと同じ感情だからです。菩薩は愚かな人々を見て「あぁ、哀れなことだ」と嘆き、慈悲の心をもって人々の願いを聞き入れます。決して相手を見下す感情ではないのです。

また、ご主人も奥さんのことを思うのならば、しっかりと御両親に説明をすべきでしょう。説明しても理解できないからというのは、言い逃れであって、奥さんに対し真摯な態度とは言えません。

日本は男女平等の仕組みが始まったばかりで、その仕組みを理解できていない大人が大勢います。ですから、「女性だから」という理由で会社の仕組みや家族や親族との関係に疲れてしまう人は、「今は本当の意味での男女平等への過渡期である、そのために女性蔑視をする人間がいても仕方がない」ということを忘れないようにするといいでしょう。その上で、そのような人間を時代に取り残された可哀想な人たちなのだと、哀れんであげてください。

お坊さんの一言

親は子と育ってきた社会が違うことを認識しなければいけません
子には子の選択の自由があるのです

05 正社員が優遇され、派遣やパートは冷遇される

派遣やパートの仕事に行っている方はよく「正社員ばかり優遇される」と愚痴をこぼします。私も相談事の合間にそのような愚痴を耳にしますが、そういうとき、私はこのように答えています。

「それって当たり前でしょ」

社会の仕組みが正社員優遇になっているのですから、愚痴っても仕方がないことなのです。簡単に辞めさせたり、福利厚生などの費用を節約したりできるから企業は派遣やパートを使うのでしょう。それは派遣やパートという労働力を許している国の問題であって、いくら主婦が文句を言っても始まりません。

ただ愚痴を言いたいだけならどんどん愚痴ればいいのですが、「どうせパートだから、どうせ派遣だから」とこだわって、「正社員ばかり優遇されて許せない」となると、ちょっと困ったことになります。あまりこだわりが強すぎるとイライラが募り、落ち込んだり悩んだりする

もとになるからです。

挙句の果てに、やる気がなくなった、疲れてしまったという状態になってしまうことも十分考えられます。

変えようのない仕組みの中で楽に生きていくには、こだわりを持たないことです。正社員が優遇されている、派遣やパートには冷たいなどと思ってもそれが現実なのですから、変えようのないことならば、「まあ、そんなものだ」とあきらめてしまったほうがいいのです。こだわっても腹を立てても文句を言っても全く改善されないようならば、あきらめるかその職場を辞めるしか道はありません。

そもそも正社員と派遣やパートを比較すること自体、意味のないことなのです。正社員が優遇されている、と不平不満を言う前に、自分たちは正社員のように責任のある立場ではない、ということを思い出すべきです。正社員は正社員なりの責任があるから優遇されるのです。簡単に職場から逃げることができる派遣やパートとは、そこが異なるのです。

何かを得るには、何かを犠牲にしなければなりません。何も犠牲にせず、よいものを手に入れようとするのは欲の深いことであり、言い出したらきりがありません。欲は欲を生み、どんどん膨れ上がりますから。

こんな話があります。ある妊娠中の母親がこう言いました。

「この子が五体満足で生まれてくれれば私は何も言うことがない」

そのお母さん、無事に五体満足のお子さんを出産します。すると彼女は、

「この子が健康ですくすくと育ってくれれば何も言うことがない」

お子さんはあまり病気もせず、元気に学校へ行くようになります。すると彼女は、

「この子の成績がよく、みんなから好かれるような人間になってくれれば言うことはない」

こう言ってどんどん願望があふれていきます。

やがて、「もっと良い成績をとりなさい」と子どもにうるさく言うようになります。さらには、いい大学いい会社へ進み、将来は面倒を見てくれ、と言うようになるのです。

そこまで勝手なことは言わないだろう、と思う方もいるかもしれませんが、これが現実です。人の欲は際限がないのです。ですから、どこかで「自分にはこれが分相応だ」と納得しないと、欲にブレーキをかけることはできないのです。

社会の仕組みは自分一人の力ではどうすることもできません。仕組みを変えられない以上、現状で満足をする、ということも知っておくべきでしょう。

それを表す言葉が仏教にもあります。「少欲知足《しょうよくちそく》」といって、「欲は少なく足るを知る」、つまり、手に入れていないものは無理に欲しがらずに、既にあるものに満足して喜ぶという意味です。

また、「足るを知る者は常に富む」という言葉もあります。満足を知っている者こそが、本

当の意味での「富む者」なのです。「自分はこれで十分だ」という満足を知らねば、いつまでも不平不満やイライラ、疲れからは解放されません。嫌なことにこだわっていないで、雲が自然に流れていくように、水が高きより低きに流れるように、その仕組みになじんで生きたほうが楽なのだと思います。

最も困るのは、自分を高く評価し過ぎている場合です。周囲の誰もそこまで高く評価していないのになぜかプライドだけが高く、自分のような高い能力を持った人間を正しく評価できない社会が悪い、などと言って職を転々とする人がいるのです。その挙句、就職先がなくなり、職を探すのに疲れ果ててしまうのです。

このような人には、どのように説教をしても耳に届きません。そういう人は相談に来ること自体少ないのですが、相談に来た場合は自分が悪いのではなく、運が悪い、社会の評価が悪い、何かとり憑いているのではないか、といったまったく的外れな見解を持ってやってきます。この相談に対し、私は毅然として対処いたします。

「運が悪いのではありません、あなたの考え方が間違っているのです」

「社会の評価は正当です。今まで行っていた職場のあなたへの評価が低いのなら、それを素直に受け止めるべきでしょう」

「何も霊などとり憑いていません。今一度、自分をよく見つめてみてはどうですか」

中には、この言葉が届く方もいます。しかし、あまりにもプライドが高く、自己評価が高いと、その言葉は届かないどころか、怒りの言葉を置いて去って行きます。「ちぇ、こんなところに相談に来るんじゃなかった」と。

他人の目は、意外と冷静です。もちろん、すべて正しく評価されているわけではありません。誤解もあるし、嫉妬の目で見られれば評価が間違うこともありますが、それでも周囲からの評価はおおむね正しいと思ったほうがいいでしょう。

人は自分のことはよく見えないもので、お釈迦様も、「他人の過失はよく見えるが、自分の過失は見えないものだ」と説いています。そして、自分の過失と向き合うために「他人を批判するような目で自分自身を見ること」を勧めています。

また、他人からの批判や指摘を素直に受け入れられないものは「増上慢《ぞうじょうまん》」と称し、「最も陥ってはならない心の状態」と教えています。

社会という枠の中で生きていくには、自分自身を正しく評価する眼を持たなければいけません。自己評価が高すぎては、我を押し通そうとして周囲の人々とトラブルを起こすことになるかもしれないからです。

自分でその眼が持てないならば、周囲からの批判に少しは耳を傾け反省してみることです。

そうすることによって、仕組みの中で順応して生きていくことができるでしょう。決して増上慢にはならず、素直に聞ける耳を持つことが大切なのです。

お坊さんの一言

こだわりを持たないことが
変えようのない社会の仕組みの中で楽に生きることにつながるのです

第5章　楽になる仏教的な考え方

これまで、私のもとへ相談に来られた方の悩みを取り上げて、さまざまな疲れの原因を見てきました。そうした状態になってしまう原因の多くは、繰り返しになりますが、何かにこだわるからだと考えられます。社内や職場に嫌いな人がいて疲れる、お節介な人がいて疲れる、苦手な人がいて疲れるといった悩みも、その人にこだわったり、嫌いだということにこだわったりすることが原因なのです。

また、自分の至らなさやダメさに疲れる人や、社会の仕組みなどに疲れる人も同じです。人は嫌なこと、苦手なこと、どうしようもないことなどにこだわることで心がそれにとらわれてしまい、疲れ果ててしまうのです。つまり、疲れ果てる原因は、「こだわり」にあるのです。

各章で、悩みを抱えた方から受けた相談をもとに、こだわりをなくす考え方を紹介してきましたが、この章ではどなたでも簡単にできる、楽に生きるための仏教的な考え方を紹介していきたいと思います。

仏教は、本来悟りを目指す教えです。その悟りとは、いわば「一切のこだわりをなくした心の状態」でもありますから、仏教の教えはこだわりをなくすための教えでもあるのです。ということは、仏教には、この世を楽に生きるための智慧が詰まっている、ということなのです。

01 諸行無常

この言葉は、一度は聞いたことがあるのではないでしょうか。平家物語の始まりの部分にも登場する有名な言葉です。

諸行無常というとなんとなく寂しそうな、虚しい感じを受けるかもしれません。何もかも長続きはしないんだよ、衰退していくんだよというように、マイナスのイメージがあるかもしれませんが、本当の意味はそれだけではないのです。

諸行無常は、「この世は常ではない、絶えず移りゆくものである」という意味です。栄華もいずれは衰退するというのも諸行無常ですが、その逆、つまり、衰退している者でも栄華を極める、という意味もあるのです。

ですから、今不幸な状態にある人でも、その不幸な状態が続くということはありません。どんな状態であっても永遠に続くものではないのですから、いつかはその不幸な状態は終わるのです。よく人は、この嫌な状態はいつまで続くんだろうと嘆き悩みますが、諸行無常を知っていれば、「世の中は諸行無常だ。いずれはこの状態も終わるだろう。嫌なことがあったあとは、きっといいことがあるさ」と思えるでしょう。あるいは、「何も悩むことはない。時間が解決してくれるさ」と思うことができるでしょう。

このような考え方ができれば、嫌なことがあってもそれにこだわることがなくなります。また、何かにこだわってしまって疲れてしまったときでも、諸行無常だからと思えば、少しは気が晴れてくるでしょう。

世の中は今の状態が続くのではなく、絶えず変化しています。いいことも悪いことも平等に変化していますから、嫌なこともいずれは消え失せますし、嫌な人もいずれはいなくなるでしょう。現在、八方塞りの状態であっても、いずれは解消されるのです。苦しいとき、辛いときに「諸行無常、諸行無常」と思って生活していれば、案外心強いものなのです。

お坊さんの一言

この世は絶えず移り変わります
不幸な状態もいつかは終わりがくるのです

02 四苦八苦

これもよくご存知の言葉でしょう。第1章でも少し述べましたが、大切な考え方なのでもう一度ここでお話しします。

四苦八苦とは、生老病死の四つの苦しみに愛別離苦《あいべつりく》、怨憎会苦《おんぞうえく》、求不得苦《ぐふとくく》、五蘊盛苦《ごうんじょうく》の四つの苦しみを加えた苦しみのことです。この四苦八苦は、どんな人にでも平等にやってきます。

この世に生まれてきたので人は苦しみを味わうことになります。ですので、生そのものは苦です。老いることも苦しみです。いくら抵抗しても人は老いるのです。アンチエイジングなど、お金をせっせとかけて頑張ってみても、老いには勝てないのです。せいぜい、若く見えるだけなのですから、老いることにこだわってはいけませんね。病からも逃げることはできないでしょう。誰もが病にかかるのですから。

そして、死がやってきます。これも絶対に避けることはできません。誰でも亡くなります。ですから死を恐れる必要はありません。また、呪いたいほど嫌な相手であっても、放っておけばその人もいずれは死ぬのですから、呪う必要はありません。そう考えれば、嫌な相手にこだわる理由はなくなります。

このことはお釈迦様もこのように説いています。

「たとえ相手の命を奪いたいと思っても、それを実行してはいけない。その憎い相手も、いずれは亡くなるのだ。自ら罪を犯す必要はないであろう」

どんなに嫌な人がいても、その人もいずれは年をとって弱っていき、最後は亡くなるのですから、わざわざ相手のことを恨んだり呪ったりする必要はないのです。

以上が、基本的な四つの苦しみです。そして、さらに生活していくうえで逃れられない四つの苦しみがあります。まずは「愛別離苦」からです。

愛する人や物との別れは辛いものですが、出会いがある以上、いずれ別れがやって来るものです。手に入れた以上、手放すときが来るもので、どんなに仲の良い夫婦であっても、どちらかが亡くなれば別れが来ますし、どんなに愛着のある物でも、手放さなければいけないときは来るのです。それが自然の姿なのですから、愛する人や愛する物にいつまでも執着して、落ち込んでいても仕方がないことです。「あぁ、愛別離苦だなぁ」と納得することですね。

「怨憎会苦」とは、「嫌な相手、憎い相手と出会わなければならない苦しみ」のことです。誰でも一生のうち、一人や二人は嫌な相手、憎い相手と出会うもので、全く出会わない、という人はいません。問題は、その嫌な人、憎い人の存在を気にするかどうかです。

そういう相手にこだわって、「あぁ、嫌だ、会いたくない」と思うのではなく、「仕方がない。誰だって、嫌な相手や憎い相手はいるもんだ」と納得してこだわりを捨てるのです。間違っても自分だけが嫌な相手と出会うと思ってはいけません。

「求不得苦」とは、「欲しいもの、望むものが手に入らない苦しみ」を言い、自分が望んだ状態にならない、という意味も含まれます。そう簡単に何でも欲しいものが手に入るわけがありませんから、当たり前のことですね。もし簡単に手に入ってしまえば、それはとても虚しいでしょう。人は苦労して手に入れたものは大事にしますが、簡単に手に入れたものはその真の価値がわからず、簡単に壊したり捨てたりするものです。苦労しても欲しいものが手に入らない場合もありますし、努力が実らないことだってありますが、縁がなければどうしようもありません。そういうときは、手に入らないことにこだわっていないで、「あぁ、欲しいと思っても手に入らないものだなぁ。なるほど、求不得苦だ」とあきらめ、そんなものなのだと納得すべきでしょう。

「五蘊盛苦（五陰盛苦とも言う）」とは、簡単に言えば身体の欲求に精神がついていかない状態です。身体の欲求とは、抑えきれない興奮、抑えきれないイライラ感、肉体的欲求のことです。

自分の肉体的欲求の強さに嫌になってしまう人は、そういう苦しみを人間は抱えているものなのだ、と理解してください。どうしようもなく気持ちが昂《たかぶ》ることもあるものなのだ、だから冷静になろう、と落ち着いてください。そして、そういう状態になるのは、自分だけではない、誰にでもそういう経験はあるのだと理解してください。自分だけが特殊ではないのです。

悩んでしまう、生きていくことに疲れてしまう人の多くは、自分だけが不幸な目にあっていると思い込む傾向にあります。しかし、悩みは自分だけでなく、皆が平等に抱いているのです。誰もが四苦八苦しており、そこから逃れられないのです。誰も逃げることができない苦しみならば、あきらめてしまったほうが早いのです。

「みんな四苦八苦しているんだ。誰も逃げることはできないんだ。ならば、こだわっても仕方がないな」と、早々と降参して、その四苦八苦の中で自分ができることを見つけて磨いていけばいいのです。

この世の中には、誰にも避けられない当たり前の苦しみがあるのだ、と理解すれば、こだわることも減ってくることでしょう。こだわりが減れば、疲れや苦しみも減るものです。

お坊さんの一言

自分だけが嫌な目にあっているのではありません
苦しみが訪れるのは当たり前のことなのです

03 縁

この世の中は縁で成り立っている、と仏教では説きます。縁とは、皆さんよくご存知のように、あの「縁がある、縁がない」の縁です。2章でも、人間関係は縁で成り立っていると紹介しました。

この縁は人間関係だけでなく、物や地位にも影響します。たとえば、欲しいと思った物でも縁があれば手に入るし、縁がなければ手に入りません。縁が深ければ長く手元にあるでしょうし、縁が浅ければ早々に手放すことになります。地位も、いくら努力しても縁がなければ、望んだ地位には就けないし、縁があれば望まなくてもその地位が転がり込んできます。その地位と縁が深ければ、長くその地位に居座りますし、縁が浅ければすぐに別の地位になるでしょう。

学校や会社もそうです。一生懸命努力して、模擬試験などでA判定が出ていても、その学校と縁がなければ合格はできません。就職にしても同じで、縁がなければ望んだ会社には就職できないのです。その会社と縁が薄ければ、辞めざるを得なくなるでしょうし、縁が深ければばたとえ嫌なことがあってもなかなか辞めることができません。縁とは、このようなものなのです。

自分の周りや職場などでの人間関係にこの縁を当てはめて考えてみましょう。長く付き合っている友人は縁が深いでしょうし、嫌な上司と出会ったのも縁があるからです。欲しい欲しいと思っていても、なかなか手に入らないものがあったならば、それは縁がないのです。

四苦八苦という考えにどうしても納得することができなかったら、この「縁」の考え方をするといいでしょう。たとえば、結婚をしたのに、別れることになってしまった。なんでだ、どうしてだ、と悩み、愛別離苦だ、と思ってもどうしても納得できない。そんなときは、「あぁ、この結婚は縁がなかったのだ」と思うことです。好きな人と結ばれないのも、縁がないからで、同じように嫌な相手と出会うのも縁があるからです。

お釈迦様ですら、「縁なき衆生《しゅじょう》は救いがたい」と嘆いています。縁がないならば、お釈迦様ですらどうすることもできないのですから、こだわったり悪あがきしたりするのはやめて、うまくいかないのは「縁がないのだ」と納得した方が、気が楽になるのですよ。

お坊さんの一言

縁がないと納得することができれば
四苦八苦の苦しみを断つことができるのです

04 善知識《ぜんちしき》

善知識とは、友人のことです。仏教では、友人はよい知識をもたらしてくれる人を指します。ですから、いくら寂しいからと言っても、悪い友人を持つことはやめたほうがいいですね。自分を間違った方向に導くような友人、自分に迷惑をかける友人、自分を疲れさせてしまうような友人とは、付き合わないほうが賢明です。そうした友人との付き合いにこだわっていないで、早めに縁を切っておいたほうがいいでしょう。

お釈迦様も、

「愚か者を連れとせず、独りで行くほうがよい」

と説いているぐらいですから、自分に害をなす友人ならば、むしろ一人でいたほうがいいのです。

私は、友人関係がうっとうしいから友人はつくりません。「友だちだろ」とか「友だちじゃないか」という押しつけがましいセリフを聞くのが嫌だからです。

そのかわり、趣味仲間がいます。仲間なので平等ですし、相手の都合もお互いに考えます。仕事からも離れていますし、好きなことを共有する仲間なので気が楽です。それに年が上だの下だの、肩書だの一切ありませんし、友だちではないので、お互いにプライベートな部分は触れないようにしています。嫌になったらさっさと仲間から離れることも可能です。単なる仲間なので、「友だちだろ、助けてくれよ」と言われることもありませんし、仮に言われたとしても、「確かに趣味仲間だよ。でもそれだけだから、助けは友だちに頼んだほうがいいよ」と断ることができます。

仲間は、友だちでもない他人でもない、適度な距離を持った相手です。友人というほどの存在ではなく、会社の仕事仲間とも違います。お互い気兼ねせず、共通の趣味で集まった仲間というのは、大変気が楽です。友人よりも仲間がいるほうが、気が楽ですね。

また、お釈迦様は、

「夫婦も善き友人であるべきだ」と説きますし、

「理想の夫婦の関係は、お互いのことをお互いに尊重し合い、大切にしあう善知識である」とも説いています。

よく奥さんのことや旦那さんのことを悪く言うご夫婦がいますが、これは愚かしいことだと思います。もし、どちらかが病に倒れたりしたらどうするのでしょうか？　いざというとき頼りになるのは、子どもではなく夫、妻です。特に老後は、お互い寄り添う相手がいないと寂しいでしょう。若いときはいいかもしれませんが、年を取ると仲が悪い夫婦でも、冷え切った夫婦でも、相手がいないと辛いものです。ですので、若いうちから夫や妻をよき友として見る目を持つと、将来の心配はいらなくなるのです。

夫婦も友人も、妙なこだわりを捨て、お互いを認め合う仲間という存在になれば、気が楽な相手といえます。家族という一つの仲間、友人という仲間、趣味の仲間、そういう感覚で接することができれば、お互いに適度な距離を置くこともできますし、余計な干渉もこだわりも減ることでしょう。

お坊さんの一言

寂しくても自分に迷惑をかける友人と付き合うのはやめましょう
友人や恋人、結婚相手とは互いを尊重して大切にし合いましょう

05 恨みを鎮める

「どうしても許せない相手がいる。この恨みの心が消えない」

長い人生、このような恨みの心が消えない、ということもあるかもしれませんが、恨みの心にとらわれていると、時は止まってしまいます。いつまでもその恨みが発生した時点から前には進まないのです。

「やられたらやり返せ、倍返しだ」

などという言葉が流行りましたが、これは仏教からすれば、真逆な考え方ですね。なぜならば、恨みを晴らせばまた恨まれるからです。

お釈迦様は、

「この世の中では、恨みは恨みによってけっして鎮まるものではない。ところが、恨みはなくして鎮まる。これは永遠の真理である」

と説いています。相手を恨み、そのお返しをすれば相手から恨まれます。相手がそのお返しをすれば、またこちらも恨みますし、それに復讐すればまた恨まれます。いつまでたっても恨みの連鎖は切れません。恨みというこだわりの泥沼でもがき続けることとなりますから、これでは時が前に進まないのも致し方ありません。

相手を恨む気持ちもわからないではありませんが、恨んで事が解決するわけでもありませんから、まずは恨むことを止めればそれでいいのです。別に許そうと思わなくてもいいのです。

もし、あなたが誰かに恨まれているならば、それは相手にしないことです。恨まれているから恨み返しただ！　などと考えることは自ら恨みの連鎖に飛び込むことになりますので、お勧めしません。それは自ら苦しみの海に飛び込むような行為です。

お坊さんの一言

人を恨んでも恨みの気持ちは晴れません
人に恨まれても相手にしてはいけません

06 他人の過失は見つけやすい

他人の過失は見やすいし、見つけやすいものですが、逆に自分の過失や過ちは見つけにくいものです。もし、あなたの周りに自分のことは棚に上げ、他人の過失を見つけていちいち文句を言う人がいたら、

「他人の過失を探し出し、常に苦情を言う者は汚れが増し加わる。その者は、汚れの消滅からほど遠い」

とお釈迦様も言っているから、汚れた人なんだなぁ、と思ってあげてください。

また、そういう人は自分の過失を指摘されるとしつこいくらいに言い訳をし、自分を正当化しようとします。このこともお釈迦様は説いています。

「実に人は他人の過失をもみ殻のように吹き散らすけれども、自分の過失は覆い隠す。たとえば、ずる賢い博徒が不利な賽《さい》の目を隠すように」

お釈迦様のいらした時代から、人は他人のことはうるさく言っていましたが、自分のことと

なるとごまかそうとするのです。このような人は、他人の過失を見つけ注意をすることでしか自分を表現できない、人として本当に哀れな人間なのです。

このようなどこにでもいる、他人の過失を見つけ出し、苦情を言うような人がいたら、うっとうしい、嫌だ苦手だ、と言っていないで、哀れな人だ、愚かな人だ、と悲しんであげましょう。そして、自分はそうならないようにしようと気をつけましょう。

お坊さんの一言

自分のことを棚にあげて他人の過失を指摘するのはやめましょう
苦情ばかり言う人は哀れな人だと悲しんであげましょう

07 偉い人は誰か

年を取っているというだけで威張り散らす人がいます。もちろん、お年寄りは大事にしなければいけませんが、大事にしたくないような高齢の方もいますし、社会では年功序列だという理由で出世をした人もいます。つまり、実力もないのに、年を取ったというだけで上司の立場になる人もいるのです。

そういう人に出会うと、どっと疲れてしまいます。それが縁だと言ってあきらめたいのですが、腹が立つこともあるでしょう。

お釈迦様は、ただ年を取ったというだけで威張っている人のことを、

「白髪を抱くから長老であるのではない。かれの齢は老けただけのことで、かれはいたずらに年老いた者といわれる」

と批判しています（長老というのは、尊敬されるお年寄りのことです）。

尊敬されるようになるには、それなりの行動や言葉が必要です。

そうではなく、ただ年を取ったというだけの上司を持ってしまったら、

「なるほど、お釈迦様が言う尊敬されない年寄りとは、この上司のことか。この上司は、ただいたずらに年を取っただけなのだなぁ」

という目で、その上司を見ればいいのです。年功序列のお陰なんだな、と。そう思えば、その上司に対する怒りも鎮まっていくでしょう。

あるいは、口うるさいお年寄りに対しても、同じように「年を取ったから偉いってもんじゃないんだよ。大事なのは中身だよ」と思いましょう。そう思っていれば、そのお年寄りが哀れに思えてくることでしょうし、きっとそんなお年寄りや上司に怒ったり、こだわっていたりした自分が小さい人間に思えてくることでしょう。そう思えればもう大丈夫です。

お坊さんの一言

尊敬されるお年寄りはそれなりの行動や言葉を残しています
年を取っただけで威張りちらす人を相手にしてはいけません

08 誰もが非難される

第1章でも述べましたが、お釈迦様は、

「それは今に始まったことではない。沈黙する者は非難され、多く語るものは非難され、少し語るものも非難される。世の中で非難されない者はない」

と説いています。

昨日まで仲間だった者が、いきなり非難してくることもあります。見事な裏切り行為に大きなショックを受けて疲れてしまうこともあるでしょう。しかし、多かれ少なかれ、誰もが非難の対象になるのであり、まったく非難されないという人はいないのです。

どうせ非難されるならば、沈黙していたほうが安全でしょう。多くを語れば非難の材料が増えるだけですからね。非難する側は、揚げ足を取って追いつめ非難する意地悪な人間です。黙っていれば揚げ足を取られることはありませんから、非難を回避することもできるのです。

しかし、自分だけが非難されるということにとらわれてしまうと、迷いの道に入ってしまいます。そうなると、要らぬ言い訳をしたり、非難を返したりと、争い事へと発展してしまう可能性が出てきますが、それでは心が鎮まることはありません。誰もが非難されるのだと思って耐え忍ぶことも大切なのです。

それにお釈迦様は、

「過去・現在・未来において、ただ非難されるだけの人も、ただ賞賛されるだけの人もない」

とも説いています。

誰もが平等に非難され、賞賛されるのですから、一時の非難や賞賛に一喜一憂するのはバカバカしいことですね。

お坊さんの一言

意地悪な人間に非難されたときは黙って耐え忍びましょう
誰もが平等に非難され、賞賛されるのです

第6章

人間関係に疲れやすい人に勧める修行法

本章では人間関係や社会、組織などに疲れやすい方、落ち込みやすい方に、仏教の簡単な基本的修行法をお教えいたします。それは、お寺に行ってやらなければいけないものではなく、いつでもどこでもできることです。前章で紹介した仏教の考え方ができないという方は試しに取り組んでみてください。

紹介するのは八正道《はっしょうどう》という、仏教の基本的な修行法です。本来は出家者用ですが、一般の方でもできる内容に致しました。八種類あるので、できることから始めるといいと思います。

01 正見《しょうけん》

正見とは、文字のまま「正しく見る」という意味です。正しく、というのは「あるがまま」ということ、つまり、自分の感情を含まずに物事をそのまま、ありのまま見るということです。

普段はあまり意識しないかもしれませんが、人はものや人物を見るとき、必ず自分の感情を通して見てしまいます。好き、嫌い、ムカつく、嫌だといった感情を込めた目で人や物を見てしまうのです。

こうした感情によるフィルターが誤解のもとになり、特定の人に対して「あの人は嫌だ、付き合いたくない」といった間違った感情を抱いてしまうようになるのです。

感情の及ぼす影響力は自分に対しても同じようにはたらきます。人は自分のことをひいき目に見たり、むやみに卑下して見たりします。そのため、自意識過剰になって周りと衝突したり、いいところを見ようとしなくなって自分がわからなくなってしまい、自己嫌悪に陥るようになるのです。

自分に対しても他人に対しても、感情を含まずありのままに、客観的に見ることができれば、自分の性格や心がよくわかりますし、相手の気持ちもよくわかるでしょう。そうすれば、相手にも自分に対しても、妙なこだわりを持たなくなります。こだわりがなくなれば、迷いや悩みも減るのです。

お坊さんの一言

感情をはさまずありのままに周りを見ましょう
自分のことをひいきしたり卑下したりせずに客観的に見てみましょう

02 正思惟《しょうしゆい》

これは正しい思考のことで、正見を生かすための大切な修行です。

正しく見ることができるようになっても、それを受け入れないと何にもなりません。「確かにあの人は、自分のために注意をしてくれている。あの上司は正しいのだ」とわかっても、「だけど、嫌い。あの上司と顔を合わせるのは嫌」と感情的になってしまっては、意味がありません。「上司は私のために注意をしてくれるのだ。本当はそういう人は嫌いだけど、そういう人がいなければ自分の成長もないのだ」と考え、それを素直に受け入れることが正しい思考なのです。

自分のことでも同じで、自身の性格や心の状態を感情をまじえず客観的に見ても、それを認めなければ何にもなりません。

「こんなのは自分じゃない。自分はこんなに嫌な人間じゃない」と自分の嫌なところ、間違ったところを認めないようでは、何も変わることはないのです。客観的に見た自分を素直に受け入れ、「さて、どうやって直していこうか」と考えることこそが、正しい思考なのです。

正しく見た後、それを素直に受け入れ改善していくことを考えることが大切ですので、正見と正思惟はワンセットと言えます。この正見と正思惟ができるようになると、この世は常に変化している（諸行無常）、この世は苦しみが多い世界（四苦八苦）なのだということがよく理解できるようになります。そうなれば、こだわりやわだかまりのない生活が送れるようになるでしょう。

お坊さんの一言

周りを正しく見ることができたら次にその事実を受け入れましょう
事実を正しく受け入れることで人生を楽に過ごせるようになるのです

03 正語《しょうご》

正語とは、正しい言葉のことです。これをもっと具体的に言い変えましょう。正しい言葉とは、言い訳をしない、状況に応じた言葉遣いをする、ごまかさない、嘘や人を貶めるようなことは言わない、悪口を言わない、優しい言い方を心がける、言うべきことはしっかりと伝える、ということです。

言葉を使うのは人間だけです。言葉をおろそかにすると、意思疎通はうまくいかず、いろいろな障害が生じてしまいますから大事にしなければいけません。

たとえば、上司に注意された場合、言い訳や口応え、誤魔化しをすれば、「あぁ、コイツはこんな程度の者か」と思われても仕方がありませんが、言い訳も口答えもせず、素直に注意を聞き入れれば、評価も上がるものです。友人との会話でもそうですね。キツイ言葉や激しい口調は、相手を傷つけますし、乱暴な人間だと思われることもあります。

「言葉は刃物と同じ」とよく言われます。同じ内容のことでも、言い方が違えば恨まれたり、逆ギレされたりします。使いようによっては、相手を深く傷つけますし、あらぬ誤解を与えたり、怒りを買ったりすることもありますが、正しく使えば周囲との軋轢も無くなるでしょうし、人間関係も円満になっていきます。人間関係が円満になれば、落ち込むことも疲れることも少なくなりますね。

お坊さんの一言

ウソをついたり誤魔化したりすると信用を失います
言うべきことを言うときは言い方に気をつけましょう

04 正業《しょうごう》

これは、正しい行いのことを言います。正しい行いとは、殺生をしない・暴力を振るわない、盗まない、浮気をしない・性に溺れない、のことです。もう少し身近な言い方をしましょう。

まずは、乱暴な振る舞いをしないことです。これは、マナーをよく守り、周囲の人に迷惑のかからない行動をすることで防ぐことができます。当たり前のことですが、こうしたルールを守ろうと考え行動するだけでも、周囲との関係はよく保てます。

盗みは、まず一般の方はしないと思いますし、いけないことだとわかっていると思います。同じように、盗み見るとか盗み聞きをすることもよくないことだといえるでしょう。他人が小声で話していることをわざわざ聞き耳を立てる必要はありませんし、知らない顔をしているのが無難です。いずれにせよ、盗み見る、盗み聞きする、というのは、マナーとしてもよくないことです。

他に、時間を盗むこともあります。いわゆるサボりですね。仕事をしたり、勉強をしたりするための大事な時間をサボってしまう。これは行き過ぎると自分のためにも他人のためにもなりませんから慎みましょう。

最後に浮気についてですが、これもしないほうがいいものだと誰もがわかっていることでしょう。不倫はやはりその代償が大きいですからね。浮気の場合、嘘もつかねばなりませんし、誤魔化しもしなければなりません。大事な人を裏切ることにもなりますから、後ろめたさをいつも抱えていなければなりませんし、大きな悩みの種に発展するのは間違いありません。ばれれば家族を失うかもしれませんし、心に傷を負う人も出てくるでしょう。人間関係で悩む元ですね。

どれも難しいことではありません。マナーを守った正しい行動を心がけるだけで、人間関係における余分な問題を抱え込まなくて済むのです。そうなれば、無用な疲れを抱え込むこともなくなるでしょう。

お坊さんの一言

マナーを守って周囲に迷惑をかけないようにしましょう
自分の欲におぼれないように心がけて行動しましょう

05 正命《しょうみょう》

本来は、戒律に則《のっと》った生活を送ることを意味していますが、それは出家者の話です。一般の方にとっては、自分のやるべきことをやって生活をする、という意味になります。つまり、きちんと仕事をしなさい、ということですね。

何もせず、日々だらだらと過ごせばはじめは気が楽かもしれませんが、次第に何もやることがないことに気づいて悲しくなり、自分がみじめになっていくだけです。そんな無気力な生活を送っていては家族や恋人、友人など、周囲の人々との関係も悪くなるかもしれません。今は誰かが養ってくれるかもしれませんが、いつかはお金に困って生活自体が困難になってもおかしくはないのです。

ですから、働けるならば働いて病気などで働けないのならば、病気を治すことに専念しましょう。仕事をしなければと無理をして身体を壊しては元も子もないので、健康状態をしっかり管理するのも大切なことなのです。

自分を生かそうとせず、何もしないで日々を過ごすというのは、自分の命を正しく使っていないのです。どんな仕事でもいいので働くことが大事です。仕事ができるようになれば自然に自信もつきますし、生きる気力もわいてきます。自分に疲れる、落ち込むということもなくなるし、周囲との関係もよくなっていくことでしょう。はじめは辛いこともあるかもしれませんが、きちんと仕事を続けることができれば、それだけでも自分は何かの役に立っていると自信につながってくるのです。

お坊さんの一言

規則正しい生活を心がけきちんと仕事をしていきましょう

働いて仕事ができるようになれば自信がつき生きる気力がわいてきます

06 正精進《しょうしょうじん》

正精進は正しい努力という意味です。努力に正しいも間違いもあるのか、と思われるでしょうが、これは正しい行為に対する努力をせよ、という意味なのです。

人間の中には、悪いことのために努力をする者がいます。たとえば、会社のお金をごまかして自分の懐に入れようと、帳簿を改ざんするため努力をする人がいます。嫌な相手を陥れるために、いろいろ作戦を練る人もいます。

正しい努力とはそうした間違った努力のことではなく、善の行為のための努力、仕事や勉強のことを指します。また、人のためになるボランティア活動もそうですね。

自分のために努力するなら、悪いことに手を染めずにコツコツ努力を重ねることです。見返りばかり求めて悪事を行い、人に尽くしても意味はないのです。

周囲の人が心地よく過ごせるような態度をとることや環境をつくることも正しい努力ですし、自分の悪い部分を直そうとするのも正しい努力です。それはつまり、前向きな姿勢をしようとすることでもあります。マイナス思考ではなく、プラス思考を持とうとすることでもあります。そうした努力は気持ちを軽くさせますから、落ち込みや疲れもなくなっていくことでしょう。

お坊さんの一言

人を陥れるような努力はやめて人のためになるような努力をしましょう
プラス思考で努力すれば気持ちが軽くなって疲れがなくなります

07 正念《しょうねん》

念は思慮のことだと思ってください。ですので、正念は「正しい思慮」という意味になります。正しい思慮と言われてもよくわかりませんが、簡単に言うならば、相手を思いやる気持ちのことです。相手の立場を理解し、相手を気遣うこと、と言ってもいいでしょう。

これは相手の言うことを何でも聞くという意味ではありません。自分のこだわりにとらわれず、相手の意見や立場を尊重することが必要なのです。

自分のことばかり考えていては、職場や家庭、学校などの人間関係の場で物事が思うようにならず腹が立ってしまうかもしれません。あいつはなんて自分勝手なんだと苛立ち嫌になってしまうこともあるでしょう。

ですが、自分の感情を抑えて人を思いやる気持ちを持つことができれば、心に余裕が生まれて相手を見る目が変わり、ちょっとしたことでイライラすることもなくなってきます。妙なこだわりや心のつっかかりも減ってくるでしょう。

周囲の人をおもんばかる気持ちを持つことで、人間関係は円満になるのです。そうすれば、人間関係で疲れる、ということも少なくなってくるでしょう。

お坊さんの一言

人を思いやる気持ちを持てば心に余裕が生まれます
相手を気遣う心を持つことで人間関係は円満になるのです

08 正定《しょうじょう》

これは正しい瞑想のことですが、瞑想とは心を落ち着かせることです。焦ったりイライラしたりしたときは、深呼吸などをして気持ちを落ち着かせることが大切です。

焦った状態で行動すれば、状況はさらに悪化してしまうことでしょう。焦る気持ち、はやる気持ちはわかりますが、まずはいったん落ち着いて冷静な判断を下せるようになるまで待つのです。

落ち着いて冷静になることでいい考えが生まれてくることもあります。焦りやイライラの原因を考える余裕が生まれるからですね。まずは冷静になっていったいなぜ落ち込んでいるのか、自分に問いかけてみるのです。そうすることにより、「あぁ、こんなつまらないことにこだわっていて、落ち込んでいたのか」と、気分が晴れますし、次にどうすればいいのか答えが見つかるかもしれません。

逆に焦って気持ちばかりが先行していると、下手に動いてミスを連発し、かえって事態が悪化するかもしれません。そのミスのせいで気持ちの整理ができなくなり、冷静な判断を下すのが難しくなってしまうことも十分考えられます。ですから、苦しいときやピンチのときは、一旦冷静になるほうが、解決策が見つかりやすいのです。

お坊さんの一言

焦ったときは深呼吸して気持ちを落ち着かせましょう
冷静になって考えれば求めていた答えが見つかるかもしれません

09 お坊さんの生活

「偏った見方をしないで、自分も他人も感情抜きで見てみよう。そして、その姿を素直に受け入れよう。言い訳や嘘をついたりしないで、他人のことをとやかく言わないで、口を慎んでおこう。マナーを守って、周囲の人になるべく迷惑をかけないでおこう。ちゃんと働いて、サボらないようにしよう。周りの人に対する思いやりを少しでもいいから持とう。イライラしたとき、ムカついたとき、落ち込んだときなどは、深呼吸でもして冷静になろう。冷静になって、なぜそうなったかを考えてみよう」

お坊さんは、日々こうしたことを心がけているので、妙なこだわりがないのです。こだわりがないということは、安楽に生きることができるということです。

出家者と一般の方は違います。違いますが、少しでもいいので、このような生活を日々心がけていれば、自然に世の中や、周囲の人への「こだわり」が少なくなっていくものです。それに、こだわりが少なくなっていけば、落ち込んだり、嫌になったり、疲れたりすることも少なくなっていきます。

徹底して全部を行う必要もありません。できたりできなかったりを繰り返しながら、少しずつ身につけていけばいいでしょう。そのうちに「気がついたらあまりこだわらなくなっていた」となりますからそれで十分だと思います。時間をかけて焦らずに実践してみてください。

お坊さんの一言

こだわりがなければ安楽に生きることができます
自分のペースで少しずつこだわりの原因と向き合っていきましょう

おわりに

生きていくのに疲れてしまったときや嫌になったときの対処法をいろいろ紹介してきました。少しでも参考にしていただければと思います。しかし、「口でいうのは簡単だ、実際は辛いんだ」という場合もあるでしょう。そんなとき、人はさまざまなことを願うのです。

こんな相談を受けたことがあります。姑さんの介護をしていたあるお嫁さんがいました。その姑さん、性格が悪く、寝たきりで世話になっているのに毎日悪態をつきます。その介護も随分と長い年数になっていましたから、さすがにお嫁さんは疲れ果ててしまいました。そのうちに早く亡くなってしまえばいいのにと毎日願うようになったのです。

しかし、今度はそんな願いをする自分が嫌になってしまいました。こんなことを願う自分は人としてどうなのかと悩みだしたのです。

私はその方に願い方が違っているだけです、と教えました。願うなら、

「どうか、みんなが楽になりますように」

と願えばいいのです。

人は、苦しいとき、辛いとき、いろいろと願うものですが、そのときに相手の不幸や相手が

消えてしまうように願うのはやはりよくないことです。そのような願いは、もし叶ってしまったら暗い気持ちが残ってしまいますし、気持ちのいいものではありません。
しかし、「みんなが楽になりますように」と願えば、これは明るい願いになります。結果は同じであったとしても、気分がよくなり、素直に「あぁ、楽になった」と思えます。
疲れてしまったとき、嫌になってしまったとき、いろいろ自分なりに努力しても、なかなか改善できなかったら、「みんなが楽になりますように」と願うこともいいと思います。そう願いながら、自分の考え方を変えていく、こだわりをなくしていくようにできればいいのではないでしょうか。あまり思いつめないで、焦らず気楽に考えましょう。

合掌。

二〇一五年一月　鳥沢廣栄

好評発売中　鳥沢廣栄の本

お坊さんが教える

「イライラ」がスーッと消える方法

法恩院住職　鳥沢廣栄 著

本体 1200 円＋税　ISBN978-4-88392-892-7

日々の生活や仕事で、なにかとイライラしてはいませんか？

そのイライラを鎮める方法をお教えしましょう。

お坊さんは、苦しい世の中をなるべく楽に生きる方法を知っている、いわば「生き方のプロ」。

高野山で修行を積み、現在は住職として活動している著者が、現代社会の大きな問題のひとつである「ストレス」や「イライラ」を鎮める方法についてやさしく解説します。

仏陀と弟子の逸話や仏教的な考え方を取り入れて解説することで、イライラ知らずの生活を送る知恵が自然に理解できるようになります。 現代社会を生きるすべての人に読んでほしい１冊です。

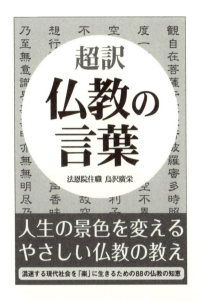

著者略歴
鳥沢廣栄（とりざわ・こうえい）

1961年生まれ、岐阜県出身。

理系の大学へ入学するも、4年生のはじめに退学。

その後、高野山大学文学部密教学科へ編入。

卒業後、岐阜に戻り、法恩院の住職となる。

檀家のない寺で、主に相談事、悩み事などを聞く毎日を過ごしている。

著書に『超訳　仏教の言葉』『お坊さんが教える　イライラがスーッと消える方法』（彩図社）がある。

※本書カバーに使用したイラストは、日本出身のタイ僧侶プラユキ・ナラテボー氏の講演会のために描かれたものを転用したものです。

お坊さんが教える
わずらわしい人間関係が楽になる方法

平成27年2月23日第一刷

著　者　　鳥沢廣栄

発行人　　山田有司

発行所　　株式会社　彩図社
東京都豊島区南大塚3-24-4
MTビル　〒170-0005
TEL：03-5985-8213　FAX：03-5985-8224

カバーイラスト　鈴木勝美

印刷所　　新灯印刷株式会社

URL：http://www.saiz.co.jp
http://saiz.co.jp/k（携帯サイト）→

ISBN978-4-8013-0052-1 C0095